Zaadjes in de wind

RICK WIENECKE

Tenzij anders vermeld, zijn de Bijbelteksten overgenomen uit de onlineversie van de Herziene Statenvertaling uit 2010.

Schrijfwijze Hebreeuwse woorden: www.sofeer.nl

ISBN 978 965 7542- 45-3

Kaarten en foto's: Rick Wienecke, Geoff Barnard, Petra van der Zande en internet
Vertaling: Rens Reedeker
Proeflezer: Carina Westmaas
Redactie: Tineke Nennie
Eindredactie: Petra van der Zande

Omslag foto: Kevin Moffatt - MannaArt.com – gebruikt met toestemming.

Lay-out en grafische vormgeving:
Petra van der Zande.

Uitgegeven door TsurTsina Publications
Jeruzalem, Israel.

BESTEL INFORMATIE

Website: www.castingseeds.com
Website: www.lulu.com
Email: castingseeds@gmail.com

Verantwoording

Met heel mijn hart wil ik dit boek opdragen aan

een wonderbaarlijke God. In Zijn goedheid

heeft hij mij in Jezus een Redder,

een God en een Vriend gegeven.

Hij heeft me Dafna, Daniël en Yohai gegeven,

een prachtige vrouw en twee fantastische zonen.

Hij deelt Zijn liefde en tranen met mij

over Zijn volk en Zijn land.

Ik wil al onze vrienden bedanken en zegenen

die eraan hebben bijgedragen

om dit boek mogelijk te maken.

Jullie weten wie jullie zijn,

maar nog belangrijker:

God weet wie jullie zijn.

INHOUDSOPGAVE

INHOUDSOPGAVE

Bezoekers bekijken de tentoonstelling in de achtertuin -
Op deze foto is er nog geen overkapping en zat men op plastic
stoelen.

HOOFDSTUK 1

"Dit is ons huis! Geen museum!"

"Pa, wat ben je aan het doen? Dit is belachelijk. Dit is een woonhuis, ons huis. Geen museum!"
Yohai, onze tienerzoon, klonk deze keer echt boos. Hij was laat opgestaan na een hele nacht met vrienden te hebben doorgebracht. Net uit bed, nog in zijn onderbroek, stond hij opeens oog in oog met vier oude Duitse dames die voor het toilet op de begane grond stonden te wachten.

"Ik ben het zat!" riep Yohai woest. "Pa! Jij hebt in onze tuin een 20 meter lange muur geplaatst met zeven kruisigingsscenes en zeven bronzen figuren die de Holocaust voorstellen. Dougi [vriend van Yohai] en ik denken erover om een appartement in Tel Aviv te huren. Als ik weer een 'zwart jakker' [ultraorthodoxe jood] voor ons huis zie, ben ik weg," dreigde hij. "Was je soms aan het *blowen* [hasj roken] toen je dit idee kreeg?"

De dag was normaal begonnen en in de morgenuren werkte ik in mijn studio aan een opdracht voor een bronzen beeld. Hoewel de *Fountain of Tears* nog niet helemaal klaar was, ontvingen we al kleine groepen die kwamen kijken naar de tentoonstelling in onze grote achtertuin. De Duitse groep van ongeveer 35 personen die om drie uur 's middags was gekomen was de oorzaak van Yohai's uitbarsting. Alleen in de studio staarden mijn zoon en ik elkaar aan. Met ogen vol woede wachtte Yohai op mijn antwoord. Wat kon ik tegen hem zeggen? Hoe was dit allemaal begonnen?

Nadat we in 2005 naar Arad waren verhuisd begon ik de *Fountain* in onze tuin op te bouwen. Aanvankelijk begonnen mensen in kleine kring over dit project te spreken; daarna begonnen ze ons te bellen of ze het kunstwerk mochten bekijken.
Als gezin waren we bezig te leren leven met een groot kunstwerk dat steeds meer bekendheid kreeg, iets dat iedere kunstenaar zou verwelkomen. De levensgrote beelden die ik in de afgelopen jaren in op-

dracht had gemaakt hadden uiteindelijk de studio verlaten, wat mij een gevoel van afronding gaf. Maar de *Fountain,* mijn grootste kunststuk waar ik lange tijd mee geworsteld had om het te maken, bleef in onze tuin.

Maar meer dan dat, vanuit Joods oogpunt was de basis voor de Holocaust gelegd doordat het christendom de Joden de schuld gaf voor de kruisiging van Jezus.

Hoe kon ik ooit iets creëren dat de relatie weerspiegelt tussen de Holocaust en de kruisiging? vroeg ik me af. *Dit is gekkenwerk! Yohai heeft misschien wel gelijk. Wat dacht ik wel?*

Door te roepen: "Dit is Israël, weet je niet waar je woont?" bedoelde Yohai meer dan alleen een geografische eenheid. Hij had gelijk, Israël is meer dan een concept - het is ook een volk.

O, dat mijn hoofd water ware, en mijn ogen
een fontein van tranen, zo zou ik dag en nacht
bewenen de vermoorden van de dochter van
mijn volk. Jeremia 9:1 HSV

Deze woorden waren een onderdeel geweest van het ontstaan van *The Fountain of Tears.* **Mijn** volk. Mijn **volk**. Deze woorden raakten me zo diep. Zoveel geschiedenis was verbonden met de tranen van Jeremia. De tranen die ik had vergoten werden herkenningspunten, mijlpalen op de reis die ertoe leidde dat ik, de niet-Jood, verbonden werd met dit volk: Israël. Zou ik durven zeggen, of misschien fluisteren: "**Mijn volk**"?

Wat Yohai bedoelde was: "Heb je niet in de gaten waar je woont? Dit is Israël! Wat jij in je tuin hebt is zeer omstreden." Hij was bang dat de ultraorthodoxe, religieuze Joden een voortdurende protestdemonstratie voor ons huis zouden gaan houden.

"Ik begrijp je volkomen en ik ben het helemaal met je eens," zei ik tegen mijn zoon. "Meer dan je denkt. Maar Yohai, ik moest dit maken. Ik moest het gewoon doen."

Het feit dat ik zijn frustratie begreep loste het probleem niet op, maar we konden er tenminste over praten.

"Als jij voelt dat je het huis uit moet, zal het waarschijnlijk een leerzame ervaring worden," ging ik verder. "Weet dat je altijd terug naar huis kunt komen. Maar," waarschuwde ik hem, "ik kan de *Fountain* niet ongedaan maken."
Terwijl hij zich omdraaide om de studio te verlaten, realiseerde ik me opeens dat hij ongeveer net zo oud was als ik toen ik het ouderlijk huis verliet. En hoewel hij jonger was in jaren, was hij veel volwassener dan ik toen was. In de driejarige diensttijd worden Israëlische tieners snel volwassen. Het moment dat mijn zoon het Israëlische leger inging zou hij volwassen worden.

Alleen in mijn studio dacht ik na over onze verhitte discussie.
De *Fountain* had in het verleden nogal wat dilemma's opgeleverd en ik wist dat er meer zouden volgen. Zou één daarvan de oorzaak zijn dat hij zijn spullen zou pakken en weggaan? Tranen sprongen in mijn ogen. Was dit het wel waard? Waarvoor? Begreep ik werkelijk waar ik met dit werk, de *Fountain of Tears,* mee bezig was? Wat is die innerlijke bewogenheid? Ben ik kunstzinnig geïnspireerd? Wat betekent het echt: weerspiegeling in lijden, een broederschap? Hebben deze twee personages van de Holocaust en de Kruisiging van Jezus door de geschiedenis heen niet altijd tegenover elkaar gestaan? Wie was ik om te proberen deze twee met elkaar te verbinden?
Mijn volk, dacht ik weer. *Waarom voel ik me zo verbonden met hen? En met dit land, Israël, waar velen zich verbazen over het feit dat ik Israëlische staatsburger ben.*

Mijn gedachten gingen terug naar hoe het allemaal was begonnen, naar de tijd dat ik het ouderlijk huis in Ontario, Canada verliet.
Negentien jaar was ik, toen ik op weg ging naar Vancouver, op zoek naar nieuwe en nog onbekende avonturen.

Arctic Ocean
Beaufort Sea
Baffin Bay
UNITED STATES (Alaska)
Dawson
Davis Strait
Mackenzie
Whitehorse
Labrador Sea
Peace
Hudson Bay
North Pacific Ocean
Churchill
St. John's
Edmonton
Lake Winnipeg
North Atlantic Ocean
Vancouver
Calgary
Regina
Winnipeg
Québec
Halifax
OTTAWA
Montréal
Lake Superior
Toronto
UNITED STATES

HOOFDSTUK 2

Dwars door Canada

Het was geweldig om in tien dagen dwars door Canada te rijden, ondanks de voortdurende spanning of mijn Volkswagen uit 1965 zou blijven rijden. Ik genoot van de enorme luchten van de Canadese prairieprovincies en de eindeloze reeks zonsondergangen; het was alsof ik door brede kleurenpaletten reed. Om de vele kilometers en lange uren op de weg te veraangenamen, rookte en deelde ik hasj met mijn twee Amerikaanse lifters.

Ook al gebruikte ik tijdens mijn middelbare schooljaren in het weekend altijd hasj en marihuana, was het me op de of andere manier gelukt van de harddrugs af te blijven. Waarom weet ik nog steeds niet. Onbewust had ik een grens getrokken die ik niet wilde overschrijden. Softdrugs brachten me in een blije stemming en zorgden ervoor dat ik onbeheerste lachbuien kreeg en gekke dingen ging doen. Ik genoot ervan, maar zo nu dan had ik geen controle meer over mezelf. Als dat gebeurde werd ik overspoeld door een diepe angst, een voorgevoel dat me in paniek bracht en maakte dat ik wilde ik verdwijnen. Het was echter nooit genoeg om met drugs te stoppen.

Bij aankomst in Vancouver had ik het gevoel dat ik een prestatie had verricht. Al snel ging de nieuwigheid van de Westkust over in dezelfde sleur van mijn voormalige levensstijl. Mijn levensmotto was plezier hebben. Dat was erg belangrijk voor mij. Het was ook de voornaamstereden waarom ik een baan had. Zelfbehagen regeerde mijn leven en niets kon mij daarvan weerhouden. Welke consequenties dit motto voor mezelf of anderen zou kunnen hebben, daar dacht ik nooit over na. Meisjes en drank waren voor de lol. Door mij in de bars en disco's aan de regels van de 'jacht' te houden had ik heel wat succes.

Op een avond ontmoette ik een meisje in een bar en na een korte tijd besloten we samen te gaan wonen. Nadat we een keer veel bier hadden gedronken vroeg ze plotseling: "Denk jij dat er een God bestaat?"

Die vraag dwong mij na te denken over iets anders dan mezelf. Ik vond het maar niks en zei toen dat ik niet in de oerknal theorie geloofde, waarbij een grote explosie, miljoenen jaren geleden, ons heelal geordend zou hebben. "Volgens mij moet er een schepper zijn," zei ik. "Het uitgebreide kleurenpalet in de herfst moet een welbewuste creatieve daad zijn geweest en niet zomaar een toevallig ontstaan."

Ik stond verbaasd over mijn eigen antwoord, dat haar leek te bevredigen. Het moment waarin we aan iets anders dachten dan onszelf ging net zo snel voorbij als het was gekomen. *Ja, het is goed om te weten dat er een God is,* dacht ik, *maar wie kan dat nu schelen?*

Terugkerend naar de dingen die werkelijk belangrijk waren, bestelden we nog een biertje.

Na een paar maanden begon onze relatie te bekoelen, de spontaniteit was verdwenen; we begonnen elkaar te goed te kennen. Voor mij was de tijd aangebroken om verder te gaan.

In een oud victoriaans huis in het centrum van Vancouver huurde ik een goedkoop kelderappartement waarin ik mij voelde als een holbewoner. Om in mijn levensonderhoud te voorzien werd ik taxichauffeur.

Op een rustige, regenachtige zondagavond stonden de meeste chauffeurs in verschillende delen van de stad op hun beurt te wachten. Omdat ik de eerstvolgende op te roepen taxi was wachtte ik op mijn beurt pal naast het kantoor van de taxicentrale. Opeens ging de passagiersdeur open en sprong een breed lachende Antonio naast me in de auto. De Portugees was altijd opgewekt maar dit keer was er iets bijzonders aan de hand.

"Raad eens wat ik heb?" Zonder te wachten zei hij: "Colombiaanse! Vermengd met LSD."

Ik was er niet zeker van wat dat inhield en wist alleen dat Colombiaanse marihuana een van de beste was met een sterker 'high'-gehalte dan de andere soorten. *Maar hoe kun je dat met LSD vermengen?* vroeg ik me af.

Omdat het toch geen drukke avond was besloot ik met hem een joint te roken. We waren net klaar toen de centrale doorgaf dat ik iemand moest ophalen in een dorpje, ongeveer 15 minuten rijden buiten de stad. Ik hoopte dat de drugslucht uit de auto verdwenen zou zijn tegen de tijd dat ik op het adres zou aankomen, maar vanwege de zware regen kon ik het raam niet openlaten.

Ongeveer tien minuten later begon de marihuana te werken, veel sneller en agressiever dan dat ik ooit gewend was. Plotseling was het alsof er iemand bovenop me viel. Ik werd doodsbang en mijn hart sloeg op hol. Tegen de tijd dat ik het dorpje binnenreed, leed ik aan vervolgingswaanzin. Hoewel ik de omgeving kende, had ik moeite om het adres te vinden. Ik werd gek van de kletterende regen op de voorruit en worstelde om kalm te blijven. Het adres bleek een kerkje te zijn. Met draaiende motor bleef ik voor de ingang wachten, terwijl mijn gedachten alle kanten op vlogen en mijn hart als een razende tekeerging. *Als ik het stuur maar kan vasthouden, dan komt het wel goed,* dacht ik.

De kerk was een typisch wit gebouw met een hoog puntdak en daarop een kruis. Starend naar de twee grote voordeuren bleef ik hopen dat de klanten, wie ze ook waren, niet naar buiten zouden komen.

Even later zwaaiden de deuren open en liep een paar oude dames naar mijn taxi. Ze zagen er allemaal hetzelfde uit met kort wit haar. Zoals het water langs de autoruiten spoelde, stroomden zij naar mijn auto. Een stem in mijn hoofd bleef zeggen: *Doe de deuren niet open! Laat ze niet instappen.* Toch gingen de deuren open en stapten ze een voor een in de taxi. Twee dames schoven naast mij, de andere drie vulden de achterbank. Ik verloor bijna mijn zelfbeheersing.

Zonder iemand aan te kijken reed ik langzaam weg, worstelend om de auto op de weg te houden. Gelukkig was het maar een korte rit naar het verzorgingshuis waar ze woonden. Nadat ik mijn geld had gekregen reed ik snel weg. Een paar honderd meter verder parkeerde ik de auto langs de kant en zette de motor uit. Ik kon alleen maar stilletjes zitten en heel diep ademhalen. Ik was zo bang, zo verschrikkelijk angstig. Er gebeurden soms nare dingen als ik *stoned* was, maar nooit eerder had ik zo'n afschuwelijke ervaring gehad.

HOOFDSTUK 3

Een sterrenhemel boven een open veld

Herinneringen aan die avond bleven me nog lang bij. Ik wist niet wat ik moest doen, of ik wel geacht werd iets te doen. Ik was altijd in staat geweest om zaken van me af te laten glijden, me opnieuw te concentreren, door te gaan en uit te kijken naar het volgende avontuur.
Dit keer lukte het me niet. Voor het eerst in mijn leven voelde ik mij wanhopig en alleen.

Een paar avonden later wandelde ik met mijn hond naar een afgelegen veldje. Zittend in het gras keek ik naar de heldere hemel waar miljoenen sterren pinkelden. De schoonheid en de uitgestrektheid van het heelal in dat stille moment namen bezit van me en tilden mij boven mezelf uit. Ik was verbaasd toen de stilte doorbroken werd door mijn eigen stem: "Als er iemand is daarboven, dan wil ik al deze troep opgeven." Het was een soort gebed. Nadenkend over mijn leven voelde ik me vanbinnen vies; het was een vuiligheid die steeds groter was geworden, maar die niet weggewassen of nog langer ontkend kon worden. Het leek zelfs of er een geur aan verbonden was – het stonk naar de dood.

Dagenlang dacht ik na over dat korte nachtelijke gesprek in het veld. In een poging mezelf ervan te overtuigen dat het onzin was, hoopte ik van harte dat niemand me gezien had. Mocht onverhoopt iemand me toch gehoord hebben, dan zouden ze hebben gedacht dat ik tegen de hond zat te praten. *Vergeet het*, zei ik tegen mezelf en probeerde terug te keren naar het leven dat ik altijd gekend had.
Die stank bleef echter hangen.

Uiteindelijk besloot ik iets te doen, op de een of andere manier te reageren op wat ik had gezegd. De rotzooi moest weg, dus besloot ik te proberen met roken te stoppen. Op de sigarettenpakjes werd gewaarschuwd dat roken slecht voor je gezondheid was, dus dit leek mij een redelijke beslissing. De eerste vier uur ging nog wel, maar toen realiseerde ik mij hoe lekker ik roken vond en hoe ik snakte naar nicotine. Sigaretten creëerden een zeker orde in mijn dag. Ik at bepaald voedsel omdat een sigaret daarna lekkerder smaakte. Bier drinken zonder te roken was ondenkbaar. Ik was niet van plan om het bier op te geven, maar hoe kon ik drinken zonder mijn sigaretten? Opeens was mijn hele leven in beroering.

Na een worsteling van drie dagen zonder sigaretten dacht ik dat ik doodging. Me realiserend dat sigaretten zo'n groot deel van mijn leven waren geweest, werd mijn reactie op het dramatische moment in het veld steeds minder belangrijk.

Die avond had ik irritante taxiritten - voornamelijk kleine afstanden en geen fooien. Het was koud en het zag er naar uit dat er sneeuw of ijzel zou komen. De meeste klanten waren dronkaards die een taxi namen in plaats van hun leven in gevaar te brengen door naar huis te lopen. Ik mocht blij zijn als ik anderhalve dollar kreeg voor een rit, laat staan een fooi. Het was niet alleen irritatie over het werk, maar het was ook de derde dag zonder sigaretten. *Waarom doe ik dit?* vroeg ik me af. *Stoppen met roken is echt stom!*

Op het moment dat ik mezelf voor gek verklaarde werd de passagiersdeur opengerukt. Een hand greep de voorstoel, toen verscheen een mannenhoofd, een andere arm, gevolgd door een paar benen, alsof ze niet bij elkaar hoorden. Onder een stortvloed van vloeken kwamen de worstelende lichaamsdelen bij elkaar. Terwijl de man probeerde te gaan zitten vervloekte hij alles en iedereen. Scheef hangend in de autostoel probeerde hij op adem te komen, draaide zich naar me toe en probeerde me zijn adres te geven. Pas na drie pogingen verstond ik genoeg om te begrijpen waar hij naar toe wilde. De auto vulde zich met zijn dronken stank. Deze man had niet zomaar een avondje te veel gedronken, het leek alsof hij er dagenlang mee door was gegaan - de alcohol kwam uit zijn poriën. Ik verbaasde mij dat hij zijn adres nog kon herinneren.

Ik wist ongeveer waar het huis was. Het zou zeker leeg zijn, want niemand zou met zo'n man kunnen leven. Het was onbegrijpelijk dat hij van de hotelbar naar de taxistandplaats had kunnen oversteken.

De man zat ongeveer tien minuten stil in zijn stoel en ik dacht dat hij in slaap was gevallen. Opeens bewoog hij en begon in zichzelf te mompelen; geagiteerd begon hij in zijn zakken te voelen en ontspande toen hij vond waarnaar hij gezocht had. Achterover leunend haalde hij een sigaret uit een verfrommeld pakje. Hij slaagde erin de aansteker bij het puntje van de sigaret te houden, stak hem aan en inhaleerde.

Tot op dat moment had alles aan deze passagier nogal triest geleken en geroken. Opeens kwam er ruimte in mijn ziel en had ik een gevoel van kwijtschelding, zelfs van redding. Deze gebroken, miserabele man ging mij redden. *Ik rook niet echt,* maakte ik mezelf wijs, *ik inhaleer alleen wat hij uitblaast.* Het was een rare ommezwaai, omdat mijn afkeer veranderde in waardering en zelfs een gevoel van vriendschap.

Door de vroeg ingevallen winter was het zo koud, dat we de ramen van de auto dicht moesten houden, waardoor de rook niet kon ontsnappen. Wachtend op het moment dat de rook mij zou bereiken voelde ik me voor het eerst sinds dagen weer blij. Toen de rook om mijn hoofd kringelde inhaleerde ik diep, maar in plaats van te genieten van het effect, kwam tot mijn verbazing alles in mij ertegen in opstand en deinsde ik terug. De schok die ik ervoer is moeilijk te beschrijven. De rook was vuil geworden, vreemd voor mij, iets dat ik nooit had gekend. Mijn oude 'vriend' maakte mij ziek - ik werd zo misselijk dat ik moest overgeven. Het kon het me niet schelen dat het buiten steenkoud was, ik had frisse lucht nodig! Snel draaide ik het autoraampje naar beneden. Met mijn hoofd half buiten het raam, inhaleerde ik niet alleen de frisse lucht, maar probeerde me ook fysiek te scheiden van de rook.
Mijn passagier snapte niet waarom het plotseling zo koud en winderig in de taxi was geworden. Toen hij zich realiseerde dat ik het raam had opengedraaid en niet van plan was het weer te sluiten overlaadde hij mij met ieder lelijk woord dat hij zich kon herinneren. Het kon me niets schelen, ook niet toen hij weigerde te betalen voor de rit.
Op de terugweg probeerde ik te begrijpen wat er zojuist was gebeurd. Ik begreep niet langer wie ik was; vanbinnen was iets veranderd.
Iets, dat eens heel erg belangrijk voor me was geweest, was van me afgenomen. Het was alsof ik nooit in mijn leven gerookt had.
En ik wist dat ik ook nooit meer zou roken.

Maar er was meer. Ik zette de auto aan de kant. Recht vooruit starend kwamen de gedachten vanzelf. *Iemand heeft me veranderd,* dacht ik. *Maar daar had ik niets mee te maken!* Opeens werd ik bang.
Wie veranderde mij? Wie deed dat? Heeft Hij me gehoord in het veld? Wat denk ik nou echt? En wie is Hij? Ik móet het te weten zien te komen!

Zo begon mijn zoektocht naar God - deze 'Hij'. Ik wist dat het buiten mijn invloedsfeer lag, buiten mijn gezichtsveld en buiten mijn natuurlijke zintuigen. Hij was iets of een geestelijk Iemand, wat dat ook betekende.

HOOFDSTUK 4

Exodus

Tijdens mijn zoektocht naar de waarheid probeerde ik verschillende meditatievormen, geestverruiming en allerlei diëten. En hoewel ik 'Hem' wilde vinden, als Hij werkelijk bestond, wilde ik dat Hij zichzelf aan mij bekend zou maken. In mijn hart wist ik dat Hij bestond maar durfde dat niet hardop te zeggen. Die gedachte schrikte mij af en trok mij tegelijkertijd aan.

Op dag dat er weinig werk was zat ik thuis in mijn souterrain en verveelde me ontzettend. Het was een van die dagen waarop ik niets kon vinden om te doen of kon zorgen dat er iets zou gebeuren. Zelfs de lucht leek zwaar en bedompt, wat logisch was omdat alles in de kelder oud en afgedankt was. Het meeste meubilair was blijven staan met het idee dat het in de toekomst nog weleens te gebruiken zou zijn.
Ik mijn kleine slaapkamer zat ik in het gezelschap van mijn trouwe vriend, een zestien inch tv, en schermde me af van de rommel aan de andere kant van de deur. Daar lag een wereld vol bedompte dingen in kartonnen dozen, waarvan niemand meer wist waarvoor ze dienden, en kromme metalen schappen vol met oude boeken in allerlei soorten en maten. Over een half uur zou aan mijn verveling misschien een einde komen door een tv-programma. Terugkerend uit de badkamer wierp ik een vluchtige blik op een boekenplank en raakte de boeken zelfs lichtjes aan met mijn vinger, iets wat ik daarvoor nog nooit had gedaan.
Lezen had ik altijd vermeden en ik kon nooit begrijpen waarom mensen zich daar zo druk over maakten. Mijn ouders hielden van lezen en ook mijn oudere zus was een boekenwurm. Zij zeiden altijd zoiets als:
"Dit is zo'n mooi boek, ik kan het niet neerleggen" of "Laat me weten als je het uit hebt." Het moeilijkste om te geloven was: "De film was goed, maar het boek is zoveel beter." *Wat er ook gebeurt,* dacht ik, *ik ga mijn verveling niet bestrijden met het lezen van een boek.*
Ik was er prat opgegaan mijn middelbare school doorlopen te hebben zonder bijna een boek te lezen; onder mijn vrienden had die houding

grote bewondering gewekt. Maar die bevonden zich nu een heel eind bij me vandaan en ik moest nog een kwartier wachten voordat het programma begon. Ik pakte een willekeurig boek, liep naar mijn kamer en veegde mijn stoffige handen aan mijn broek af.

De enige stoel in de kamer was oud maar comfortabel. Ik opende het boek niet meteen maar draaide het een paar keer in mijn handen om. Op de een of andere manier deed de titel *Exodus* een belletje bij me rinkelen en ik herinnerde me dat er een film van was gemaakt.

Misschien staan er wel foto's in, dacht ik. *Hoe erg kan het zijn even te kijken? Nog maar tien minuten voordat het programma begint. Ik hoef het boek niet te lezen, alleen maar even inkijken.*

De enkele zwart-wit foto's in het boek zeiden me niets. Maar op het moment dat ik begon te lezen werd ik in het verhaal getrokken. Het snelle begin was een mix van diverse gebeurtenissen. Een verslaggever die een oude vriendin ontmoet, een verpleegster op vakantie op Cyprus; interessant. Dan was er een oud schip vol met kinderen, Joodse kinderen. Ook al begreep ik er niet veel van, om de een of andere reden wilde ik niet stoppen. *Ik lees tot halfvijf,* besloot ik. Naarmate meer namen geïntroduceerd werden zoals Hagana, Palestina, het Britse mandaat en Holocaust, werd het verhaal gecompliceerder. Er was nog veel meer wat ik niet begreep, maar inmiddels was ik de tijd al vergeten. Toen het te donker werd om te lezen, duwde ik de stoel dichter naar de enige lamp in de kamer. Uiteindelijk viel ik met het boek op schoot in de stoel in slaap.

De volgende morgen wilde ik verder lezen, maar ik moest naar mijn werk. Snel maakte ik alles af wat ik moest doen en ging snel naar huis om verder te lezen. Dit patroon herhaalde zich een week lang en zelfs tijdens mijn werk keerden mijn gedachten terug naar het verhaal.

Het leek wel of mijn appartement tot leven was gekomen, of iemand op me zat te wachten, mij verwachtte. Het was opwindend. Zodra ik in mijn stoel ging zitten werd ik meegenomen naar de wereld uit *Exodus.* Daar werd een gevecht geleverd, niet alleen tegen de Duitsers, maar ook tegen de Britten, Russen en Polen. Voor deze Joden was het een gevecht tegen een scheiding van 2000 jaar van een land dat nu klaar leek om de deuren te openen voor haar oude volk na de grootste vernietiging in hun geschiedenis: de Holocaust.

Holocaust was een woord dat apart leek te staan tegen de achtergrond van de andere namen waarmee ik in het boek kennis had gemaakt. Dit woord reeg de moeilijke standpunten aaneen van de bevolkingsgroepen die in het verhaal waren vertegenwoordigd.
Waarom beheerst dit verhaal mijn leven? vroeg ik me af. *Niet alleen ben ik werkelijk een boek aan het lezen maar leer ik iets over de geschiedenis van een volk, dat zo vreemd is en zo ver van mij af staat.*
Ik ging door met lezen.

Door middel van de personages in het verhaal legde Leon Uris de geschiedenis van het Joodse lijden uit tijdens het Russische rijk, eind 19^e eeuw. Ik las over jonge Joden die naar het Ottomaanse Palestina emigreerden om daar collectieve boerderijen te stichten. De Joden verlieten Europa omdat ze vervolgd werden, maar tegelijkertijd werden ze innerlijk, geestelijk getrokken naar dit Israël.

Ik leerde over de concentratiekampen, de veewagons, de dodenkampen, de dodenmarsen en de stapels lijken die nog niet verbrand waren. Ook over die andere lichamen die tot op de dag van vandaag nog niet gevonden zijn in die donkere, afgelegen bossen. De informatie schokte me diep en was bijna onmogelijk te bevatten. Omdat ik niets afwist van de Holocaust leek het alsof ik bleef steken in dit deel van het boek. Mijn belangrijkste informatiebron, de televisie, had me door middel van ontelbare films over de Tweede Wereldoorlog geleerd dat de Amerikanen de *good guys* en de Duitsers de *bad guys* waren.

Mijn kennis over het Midden-Oosten was al even betreurenswaardig. Internationaal nieuws interesseerde me totaal niet. Voor mij was het Midden-Oosten een gebied waar ze altijd zaten te wachten op de volgende oorlog. Zolang het mijn vrijdag- of zaterdagavond niet verstoorde, was het niet belangrijk; Het kon mij dus ook niets schelen.
Door dit boek te lezen was er iets in mij veranderd. *Zal ik nu stoppen, nu ik de helft van het boek heb gelezen?* vroeg ik me af. *Moet ik nog meer weten? Misschien moet ik maar weer eens normaal gaan doen.*
Maar ik kon mezelf niet tegenhouden en bleef doorlezen.

Toen ik belandde bij de Onafhankelijkheidsoorlog gaf het boek gedetailleerde informatie wat er in het kort op neer kwam dat de Joden ver in de minderheid waren en niet genoeg wapens hadden. Van de zeven Arabische legers die Israël aanvielen waren er drie getraind door de Britten; zij beschikten over voldoende wapens en voertuigen. Plotseling realiseerde ik me dat deze oorlog gemakkelijk de laatste stap geweest kon zijn naar de *Endlösung* [eind- of definitieve oplossing van het Jodenprobleem] die Hitler in zijn hoofd had gehad.

Hoe meer ik over de Onafhankelijkheidsoorlog las, waaruit de Staat Israël in 1948 werd geboren, des te meer raakte het mij emotioneel. *Zij hadden nooit kunnen winnen,* dacht ik, *en toch deden ze het.* Een groep mensen die slechts drie jaar daarvoor in Europa twee-derde van hun bevolking had verloren. Zij hadden een onmogelijke oorlog gevoerd. Het was een wonder dat ze het overleefd hadden.

Opeens sloeg een gedachte in als een bom: *Als er een God is daarboven, en ik begin te geloven dat het zo is, dan moet Hij iets met deze Joden te maken hebben. Ik moet weten hoe de vork in de steel zit.*

HOOFDSTUK 5

De bevrijding in Entebbe

Toen ik het boek uit had, las ik het nog een keer en controleerde meteen een aantal historische feiten die in het boek genoemd werden.
De meerderheid daarvan bleek juist te zijn. Daarna begon ik te zoeken
naar boeken over de Holocaust en het begin van Israël als staat.
Ik verslond ze allemaal. Ik was ergens naar op weg, wat wist ik niet,
maar er was iets dat aan mij trok. Ik wist dat het met 'Hem' te maken
had.

Op 27 juni 1976 reed ik Vancouver binnen en speelde wat met de ra-
dioknop, op zoek naar muziek. Zodra ik een nieuwszender hoorde
draaide ik meestal direct door, maar toen ik het woord 'Israël' opving,
stelde ik de zender in voor een betere ontvangst.
De diepe, ernstige stem van de omroeper vertelde over de kaping van
de Air France vlucht 139 van Tel Aviv naar Parijs. Het vliegtuig was
overmeesterd door Duitse terroristen die verbonden waren aan de
Palestijnse Bevrijdingsorganisa-
tie, de PLO. Aan boord waren
buitenlandse Joden, Israëliërs en
andere nationaliteiten.
De gijzelaars werden naar de
luchthaven van Entebbe in Oeganda, Afrika, gebracht. Direct
na aankomst werden de Joden
van de anderen gescheiden.
Emotionele betrokkenheid voe-

lend wat ik benieuwd wat de Israëlische regering ging doen.
In ruil voor de Joodse levens eisten de kapers de vrijlating van een
groot aantal PLO-strijders uit Israëlische gevangenissen. Indien niet
aan de eisen voldaan werd, zouden de kapers over een paar uur beginnen de gijzelaars te doden. *Waarom? Waarom zijn hun levens zo
waardevol?* vroeg ik me af. *Om de een of andere reden worden Joden
altijd uitgewisseld, maar vaker nog zijn zij het doelwit om gedood te
worden.*

Entebbe Airport in Oeganda

In de daaropvolgende dagen bleef deze vraag in mijn hoofd zeuren, terwijl ik op de hoogte probeerde te blijven van het nieuws over de kaping.
Op het vliegveld werden de Joden in een andere ruimte vastgehouden. *Waarom werden ze gescheiden van de overige passagiers? Was dit opnieuw een 'selectie'?* Dit voor een Holocaust overlevende zwaarbeladen woord werd opnieuw door Duitsers gebruikt en uitgevoerd.
Ik hoorde dat tijdens de eerste 24 uur een overeenstemming was bereikt die Israël een paar dagen de tijd gaf om te beslissen.
Ze hadden tenminste een korte adempauze.

Op 4 juli reed ik over de snelweg naar Vancouver en zocht op de radio naar de nieuwszender. Omdat het terroristen ultimatum bijna was afgelopen, was ik bang voor wat ik wellicht te horen zou krijgen.
Mijzelf afvragend waarom ik zo bezorgd was, waarom ik zo intens meeleefde, bleef ik aan de knop draaien totdat ik een stem hoorde.
Mijn hart sloeg over toen ik geschreeuw hoorde, gelach en een heleboel mensen die door elkaar praatten. Hoorde ik ook zingen?
Met een van emotie vervulde stem probeerde de verslaggever de scene te beschrijven die zich op de landingsbaan van Ben Goerion
Airport in Tel Aviv afspeelde. Hij was omringd door de Joden die uit Entebbe gered waren en zojuist veilig waren thuisgekomen.

De verslaggever sprak over de soldaten van het Israëli-
sche leger en de pas-
sagiers die nu *safe*
waren.
Het enige dat hij uit
een van de passa-
giers kreeg was een
door tranen verstikte
zin. Ze waren gered.

Ik kon mijn oren niet geloven!

Door middel van een ongelooflijk complexe en gevaarlijke missie had
Israël een elite-eenheid gestuurd om hun landgenoten te redden. Dit
keer was de selectie mislukt, de Joden leefden!
Het is onmogelijk te beschrijven wat er op dat moment met me gebeurde. Het leek alsof er innerlijk iets openbarstte dat zich een weg
naar buiten zocht. Ik zette de auto op de vluchtstrook en begon eerst
te huilen en daarna te snikken. Op de radio klonk nog steeds het ge-
juich en het geschreeuw.

Het was allemaal zo vreemd. Zo was ik helemaal niet. *Waarom voel ik
dit voor iemand die ik helemaal niet ken?* vroeg me af.
Opeens werd alles duidelijk en wist ik het zeker: *Ik moet dat land gaan
bekijken, dit Israël!*

HOOFDSTUK 6

Kibboets voorbereidingen

Vancouver verlaten bleek toch moeilijker dan ik had verwacht.
Als mijn bestemming Israël was, hoe moest ik dat dan regelen?
Het basisplan was om zes maanden in Israël te blijven en daarna met een rugzak door Europa te trekken. Naar schatting zou me dit een heel jaar gaan kosten. Peinzend over hoe ik in mijn levensonderhoud zou kunnen voorzien bedacht ik dat er wellicht Amerikaanse of Canadese bedrijven zouden zijn die Engels sprekende mensen nodig hadden en me wellicht een baan zouden kunnen aanbieden.

In een brief aan de Israëlische ambassade in Ottawa beschreef ik mijn reisplannen en vroeg om een lijst van buitenlandse bedrijven in Israël. Binnen twee weken kreeg ik antwoord, inclusief een lijst met ongeveer vijfentwintig verschillende bedrijven in Israël waarvan het moederbedrijf in Noord-Amerika zat. Het antwoord van de Israëlische ambassade leek mijn plannen haalbaarder te maken en bemoedigde mij. Onderaan de brief stond een adres van een Joods wijkcentrum in Vancouver. Ik wist niet eens dat er een Joods centrum in Vancouver bestond. Maar waarom zou ik verbaasd zijn? Een paar weken geleden wist ik zelfs niet dat er Joden bestonden.

Het wijkcentrum leek mij een goed startpunt omdat het in een deel van de binnenstad lag dat ik kende. Op weg naar het centrum zette ik alles eens goed op een rijtje. De brief aan de ambassade was een reactie op een emotionele ervaring die ik nog niet begreep. Het boek *Exodus* was een begin geweest, maar het was maar een boek, een goed geschreven verhaal waarin historische feiten verweven waren met een land en een volk. Buiten dat, had Israël nooit voor mij bestaan.
De recente dramatische gebeurtenis van de redding in Entebbe had me dichter bij de realiteit gebracht. Ik was benieuwd wat het bezoek aan dit centrum mij zou brengen.

Boven de ingang van het twee verdiepingen tellende gebouw hing een grote Davidsster. In de grote ontvangsthal las ik op een bord: Afdeling Israël Informatie, kamer 37 op de 1^e verdieping.

Ik neem de trap, dacht ik. *De lift is te snel, ik heb tijd nodig om na te denken.* Dit keer was het geen boek of een nieuwsuitzending of een brief. Nee, deze keer zou het echt zijn. Ik had tijd nodig om na te denken over de vragen die ik zou gaan stellen. Hoe hoger ik klom, des te nerveuzer ik werd. Tegen de tijd dat ik kamer 37 had bereikt duizelde mijn hoofd.

Onder het bordje van de Israëlische afdeling hing een grote poster van een vallei die er als een lappendeken van akkers uitzag. Ieder vierkant had een ander, kleurrijk gewas, alsof het volgens een bepaald ontwerp was neergezet. Op de achtergrond zag ik glooiende heuvels die als een muur de vallei bewaakten. 'Hula' las ik onderaan de poster. *Dat zal wel een plaats in Israël zijn*, dacht ik. Het leek wel of die vallei al mijn vragen opslokte en mijn zenuwen kalmeerde. Er sprak zo'n welkom uit die prachtige poster.

Dat vredige gevoel verdween op het moment dat ik het kantoor binnenstapte. De kleine ruimte bevatte een groot, oud houten bureau met even oude houten stoelen. Hopend dat het was toegestaan om onaangekondigd binnen te komen ging ik zitten en keek rond.

De wanden hingen vol met foto's en notities - er was bijna geen plekje meer vrij. Sommigen briefjes leken officieel en belangrijk, terwijl anderen eruitzagen als oude boodschappenbriefjes. Het rommelige kantoor had een kalmerende invloed op mij want ik voel me niet op mijn gemak in een formele omgeving. Op de een of andere manier wist ik dat het niet uitmaakte dat ik geen afspraak had gemaakt.

Na zo'n tien minuten ging de deur achter het bureau plotseling open. Een jonge vrouw kwam in volle vaart naar binnen, haar armen vol met mappen en documenten. Ze liet zich in haar stoel vallen en de stapel belandde op haar bureau. "Pffff!" Ze slaakte ze een zucht van verlichting en kreeg toen mij in de gaten. "Hoi," zei ze en ik antwoordde precies zo. "Ik hoop dat je niet te lang hebt hoeven wachten." Ze schoof de mappen opzij. "Ik ben twee weken bezig geweest om deze rapporten te verzamelen."

Die waarschijnlijk binnen een paar dagen van het bureau naar de muur verhuizen, dacht ik terwijl ik knikte en haar glimlachend aankeek.

"Ik ben Sarah Cohen" stelde zij zich voor, "secretaresse van Motti, de *sjaliach*. Hij is de Israëlische vertegenwoordiger die verantwoordelijk is om Joodse mensen in deze regio te helpen om naar Israël te emigreren. Wij vormen een brug tussen de Diaspora en het Land, Israël." Sarah was innemend en vriendelijk. "Sorry, maar Motti is er vandaag niet. Kan ik je misschien helpen? Wil je iets vragen?"
Ik vertelde haar dat ik geïnteresseerd was om Israël te bezoeken en overwoog om daar misschien wel zes maanden te blijven. "Van de Israëlische ambassade kreeg ik deze lijst met bedrijven." Ik liet haar de brief zien. "Is er een bij die jij kunt aanbevelen?"
Sarah negeerde de brief. In plaats daarvan zei ze: "Als je voor zes maanden gaat, waarom ga je dan niet in een kibboets werken? Afgelopen zomer heb ik zelf in een kibboets gewerkt; je krijgt een bed, eten en een beetje zakgeld." In een adem ging ze verder: "Als je zo lang komt mag je zelfs een *oelpan* doen. Daar leer je de ene helft van de dag je Hebreeuws en werk je de andere helft. Ik denk dat die zes maanden duurt!"

"Zou het uitmaken dat ik niet Joods ben?" vroeg ik. Sara begon tussen de papieren op haar bureau te zoeken. Toen ik me begon af te vragen of ze mij wel gehoord had trok ze met een brede lach een gekleurde folder uit de stapel papieren. Snel las ze deze door en zei vervolgens, "Nee, geen probleem. Tien procent niet-Joden mag de *oelpan* volgen; jij kunt dus meedoen. Hier, kijk eens."
Ik zag foto's van mannen en vrouwen in T-shirts en korte broeken op sandalen en nog meer opnames van de prachtige in vakken verdeelde akkers. Op dat moment realiseerde ik mij nog niet hoe dit kantoor Israël vertegenwoordigde: *schoonheid temidden van een georganiseerde chaos.*

"Je mag de brochure houden" zei Sarah lachend, "Het is een wonder dat ik hem heb gevonden."
Deze brochure wordt er tenminste voor behoed om ondersteboven aan de muur geprikt te worden, dacht ik bij mezelf, blij met de folder.
Het bezoek aan het wijkcentrum was weer een grote stap in de goede richting. Het leek alsof een aanzwellende stuwkracht als een rivier mij in een bepaalde, voorbestemde richting stuurde.

Ook al begreep ik er niets van, ervoer ik een diepe innerlijke rust. Alsof Iemand tegen me zei: *Het is goed. Go with the flow!*

Er waren echter nog andere redenen waarom ik Vancouver wilde verlaten. Met mijn oude Datsun stationwagen als onderpand had ik een paar keer geld geleend zonder de bankmanagers te vertellen over die andere, lopende leningen. De bankiers realiseerden zich nu dat deze auto niet in stukjes verdeeld kon worden als ik mijn maandelijkse betalingen niet kon nakomen. Ik wist dat ik in de penarie zat.

Daarbij kwam ook nog mijn rijbewijskwestie. Ik had zoveel bonnen gekregen dat de politie dreigde mijn rijbewijs in te trekken. Voordat de aankondiging in de bus viel moest ik zorgen uit Brits Columbia weg te zijn. Eenmaal terug in Ontario kon ik mijn oude rijbewijs inwisselen voor een nieuwe. Ik pakte de schaarse bezittingen die ik had in een tas en kocht een enkele vliegreis naar huis. Het laatste wat ik deed was de autosleutels in een klein doosje opsturen naar een van de bankmanagers. Ik denk niet dat hij blij was met de begeleidende excuusbrief.

De terugkeer naar Ontario bracht veel gemengde gevoelens naar boven. Aan de ene kant was het goed om mijn familie en oude vrienden weer te zien, aan de andere kant vroeg ik me af: *Wat zullen ze vinden van mijn plannen om naar Israël te gaan en daar in een kibboets te gaan werken? Welk antwoord geef ik als ze me vragen: "Waarom?"*

De meeste vrienden zouden het niet begrijpen als ik hen eerlijk vertelde: "Omdat ik op zoek ben naar God en omdat ik denk dat Hij iets met deze Joden te maken heeft."

"God? De Holocaust? Het begin van Israël als staat?" Dergelijke vragen zouden zeker op mij afkomen, vragen waarop ik zelf niet eens de antwoorden wist. Terecht zou mijn familie denken dat ik gek geworden was.

Ik besloot het mezelf niet moeilijk te maken en hen gewoon niets te vertellen. Mijn plan was om weer bij mijn ouders thuis te gaan wonen en een baan te vinden. Pas als ik mijn tickets en paspoort had en alle benodigde formulieren waren ingevuld, zou ik hen vertellen waar ik naartoe ging. Mochten mijn ouders flippen dan zou ik toch kort daarna vertrekken.

Alles leek volgens plan te verlopen: ik woonde thuis en maakte zoveel mogelijk overuren in het pakhuis waar ik werkte om te kunnen sparen.

Sarah Cohen had me de naam van de *sjaliach* in Toronto gegeven, die ik in het geheim ontmoette. Terwijl ik telkens een smoes verzon om naar de stad te gaan, ontmoetten Shaul en ik elkaar eens per twee weken in het Joodse wijkcentrum van Toronto. Daar moest ik allerlei formulieren invullen en zelfs een medische test ondergaan. Shaul was een vriendelijke en behulpzame man. Hij adviseerde me, liet me kaarten zien, gaf informatie en vertelde me zelfs zijn persoonlijke verhaal.
Na maandenlange geheime ritjes naar Toronto was alles gereed: de papieren verzameld, de nodige formulieren ingevuld en opgestuurd naar het hoofdkantoor in de Verenigde Staten en verschillende kibboetsen. Het enige wat ik nu nog kon doen was wachten totdat Shaul me zou vertellen welke kibboets mij geaccepteerd had en wanneer ik kon komen.

Eind november had ik drie maanden achter elkaar gewerkt. Om tijd en geld te besparen reed ik steeds op een fiets met tien versnellingen naar mijn werk maar de invallende winter maakte het nu wel erg koud om te fietsen. Al die tijd waren mijn ouders fantastisch geweest; het leek wel alsof we vrienden waren geworden. We voerden lange gesprekken met elkaar, iets wat voor die tijd niet echt gebeurde.
Ik genoot van de fijne maanden die we samen doorbrachten. Ik weet zeker dat ze wilden weten wat er met me aan de hand was, maar vermoedde dat ze er niet te veel aandacht aan wilden schenken uit angst dat onze relatie daardoor zou veranderen. Ze waren niet gewend om mij zo serieus en doelgericht bezig te zien. Ik ging zelden meer uit met vrienden en zelfs in de weekenden was ik niet meer dronken of stoned. Zij realiseerden zich dat ik minder driftbuien had, minder vloekte en dus op de een of andere manier veranderd was.
Zij behandelden mij als een zeldzame vlinder: op het moment dat je te dichtbij komt om goed te kunnen kijken vliegt hij weg om nooit terug te keren. Mijn ouders genoten dus van de nieuwe Rick maar hielden afstand, totdat ze hun nieuwsgierigheid niet langer konden bedwingen.

Toen een zondagavonddienst, die mij extra geld zou opleveren, niet doorging, bleef ik thuis en gingen mijn ouders en ik na het avondeten naar de woonkamer waar we ons in de comfortabele stoelen nestelden. Aangezien niemand van ons weg moest of iets anders te doen had, begonnen we een algemeen praatje over de lokale politiek, een mogelijke staking bij General Motors en het weer. We vroegen ons af of het vroeg winter zou worden.

"Ik verbaas mij dat je met die ijzige kou nog steeds op je fiets rijdt," zei mijn vader. "Je kunt beter voor de winter een auto kopen."
Voor een buitenstaander zou het zijn overgekomen als een gewoon Canadees gesprek over het weer, maar ik wist dat het dieper ging.
Ze zijn aan het vissen, wist ik. *Pa en ma willen persoonlijker contact.*
De tijd was aangebroken om mijn geheim te vertellen. "Pa, ik zal geen auto nodig hebben, omdat ik niet verwacht hier nog te zijn als de winter invalt."
Mijn vader greep deze kans met twee handen aan: "Je moeder en ik voelden dat je reisplannen had. Waar ga je heen?"
Gedwongen een direct antwoord te geven waarmee ik alles zou onthullen, voelde de stoel opeens minder comfortabel aan. *Dit is geen strikvraag!* realiseerde ik me. Het was meer een 'graag willen weten' zoals vrienden dat hebben, twee mensen aan wie je kwetsbare, persoonlijke informatie kon toe vertrouwen. En ook al zouden mijn ouders het niet begrijpen, ik wist dat zij zouden luisteren zonder me aan te vallen. Ik haalde diep adem en gooide eruit: "Ik ga naar Israël om in een kibboets te werken!" en was verbaasd dat het er zo recht voor zijn raap uitkwam.

"Wat voor sleutel?" riep mijn vader. [*'Key'* en 'kibboets' klinkt hetzelfde.]

Een zware stilte daalde in de woonkamer neer. Het leek alsof iedereen zijn adem inhield. Mijn vader verbrak die stilte met een verrassende opmerking: "Wow! "Wat zal jij veel leren op zo'n reis!"
Voor een buitenstaander had het een algemene reactie geleken, maar later zou ik mij realiseren dat zijn uitspraak profetisch was.
Toen wilden ze natuurlijk alles weten, dus vertelde ik hen over de Israëlische *sjaliach* en de toelatingsprocedure in Toronto.
Ik zei alleen wanneer ik ongeveer dacht te vertrekken, meer niet.

Mijn ouders hadden genoeg schokkend nieuws gehoord voor een dag. Hoe moest ik mijn andere gevoelens uitleggen over God, de Holocaust en mijn belangstelling voor het begin van Israëls geschiedenis?
Nee, besloot ik. *Ze hebben nu genoeg gehoord. Die vragen beantwoord ik als ze gesteld worden.*

HOOFDSTUK 7

Afscheid nemen

Later in de week informeerde Shaul mij door welke kibboets ik geaccepteerd was. Half januari kon ik met de *oelpan* [talenschool] starten. Dat was al over anderhalve maand!

De reis naar Israël was als een langzame wandeling begonnen; nu voelde het alsof ik aan het rennen was. De steeds terugkerende vraag was: *Weet ik werkelijk waar ik mee bezig ben*?

Al die vreemde dingen die ik het afgelopen jaar had gedaan gebeurden in eigen land, maar de volgende stappen zouden gezet worden in een land waarover ik alleen maar had gelezen of gehoord. Bang en tegelijkertijd opgewonden probeerde ik kalm te blijven en niets laten merken. Intussen hadden mijn reisplannen de ronde gedaan bij familie en vrienden. Terwijl ik bezig was afscheid te nemen, kwamen de gemengde gevoelens die zij over mijn plannen hadden boven water.

"Ik begrijp niet hoe jij je leven in gevaar kunt brengen!" was de algemene reactie. "Er zijn heel wat veiliger plaatsen waar je naar toe kunt gaan. Waarom Israël?"

"Als je een goed doel zoekt om voor te vechten, waarom help je de Indianen dan niet in de reservaten in Noord Ontario?"

"Waarom de Joden? Die geven je een retourtje in een lijkenzak."

Mijn ouders, die leken te begrijpen waarom ik moest gaan, bemoedigden mij gelukkig op hun eigen, goedhartige manier. Toen mijn bezorgde zus en zwager zich realiseerden dat ik niet van gedachten zou veranderen besloten ze te 'af te wachten'.

Shaul, de *sjaliach,* en ik waren vrienden geworden en toen hij hoorde dat ik geen Jood was, zei hij: "Israël is ook voor jou, je bent welkom." Ik mocht zijn directe manier van spreken en het feit dat hij snel ter zake kwam. Veel westerlingen zouden dit onbeleefd vinden, maar ik mocht zijn stuursheid wel. Door recht door zee en eerlijk te zijn liet hij geen ruimte over om te raden wat hij werkelijk bedoelde.

Tijdens mijn laatste bezoek aan het wijkcentrum nam ik afscheid van Shaul en bedankte hem voor al zijn hulp. We schudden elkaar de hand en toen ik wilde vertrekken zei hij: "Rick, ik weet dat je belangstelling hebt voor de Holocaust. In een Danforth theater, in het centrum, draait een film die gebaseerd is op een waar gebeurd verhaal uit die periode." Die wijk lag ongeveer tien metrostations af van het wijkcentrum. Eigenlijk was ik van plan om naar huis te gaan, nog wat tv te kijken en vroeg naar bed te gaan en om uitgerust te kunnen gaan werken. Dat was mijn routine van de afgelopen drie maanden geworden.

Ik ga niet in m'n eentje naar een film, besloot ik. Maar vandaag was het een speciale dag geweest. Ik had alle papieren, namen van contactpersonen in de kibboets en zelfs nummers en routes van bussen die ik in Israël vanaf het vliegveld moest nemen. Mijn bestemming was kibboets Ramat Hakovesh, wat 'Heuvel van de veroveraar' betekende. Het was alsof ik zelf iets had overwonnen maar ik wist niet goed wat. Bij station Danforth stapte ik uit de metro en besloot deze dag te vieren door iets anders te doen dan gepland: eerst snel een hamburger eten en dan naar de film – alleen. Op straat zag ik een groot verlicht bord waarop stond: 'Pape Street Theater vertoont *The Hiding Place*'. Omdat dit het enige theater in Danforth was, ging ik ervanuit dat dit het juiste adres moest zijn.

Shaul wist niet de titel van de film, alleen maar dat het iets te maken had met de Holocaust. Bij de ingang van het theater hing een filmposter met Duitse soldaten die mensen in een vrachtauto duwden met op de achtergrond een groot dreigend hakenkruis. De volgende voorstelling zou over een half uur beginnen. Terwijl ik mijn hamburger en patat opat, bleven de beelden van die filmposter door mijn hoofd spelen. Na het boek *Exodus* had ik meer boeken van Leon Uris over de Holocaust gelezen zoals *QB7* en *Mila 18*. Voor iemand als ik die daarvoor nooit echt een boek had gelezen, openden deze boeken een nieuwe wereld. Daardoor begreep ik dat de Holocaust voor de Joden een verschrikkelijke 'deur' was geweest. Het binnengaan van die deur resulteerde in de geboorte van de Staat Israël. Op de een of andere manier maakte deze God, wie Hij ook was of is, het mogelijk dat dit gebeurde. Op de een of andere manier was Hij erbij betrokken.

Mijzelf afvragend of deze film mij iets anders zou laten zien over deze verschrikkelijke deur, kocht ik een kaartje en glipte vlak voordat de film begon naar binnen. Het voelde nog steeds een beetje vreemd om daar in m'n eentje te zitten, maar dat gevoel ging snel over.

De Schuilplaats speelde zich af in het door de Nazi's bezette Nederland in de Tweede Wereldoorlog. De film ging voornamelijk over een oude vader en zijn twee ongetrouwde dochters van middelbare leeftijd. Tijdens de oorlog zagen deze vrome christenen hun geloof verweven worden met de Joden en hun worstelingen. Vader Ten Boom, Corry en Betsy begrepen dat zij, door zich te verbinden met de Joden, hun eigen levens en alles wat ze hadden in gevaar brachten. Ondanks het risico bouwden zij een schuilplaats voor de Joden in hun huis, niet vanwege een superieure religieuze zelfvoldaanheid maar omdat ze het als een voorrecht beschouwden. Ondanks de verschillen geloofden zij dat Joden en Christenen bij elkaar hoorden. Later leerde ik dat veel Joden in doodsgevaar verkeerden, maar dat slechts weinig christenen zich verantwoordelijk voelden om hen te helpen. Deze drie mensen werden verraden en gearresteerd door de Gestapo. Gelukkig werden de verborgen Joden niet gevonden en konden zij later ontsnappen.

Vader Ten Boom stierf in de Scheveningen gevangenis en de twee zusters werden naar Ravensbrück gestuurd, waar ze dezelfde hel doormaakten die voor de Joden was gecreëerd. Betsy overleefde de beproeving niet; door een wonder werd Corrie bevrijd. Deze drie mensen brachten hun geloof in praktijk door hun leven te geven voor de Joden, niet door vrome woorden maar door daden. Vergeleken met de slapende christenmeerderheid om hen heen, leek het alsof het gezin Ten Boom bijna alleen handelde.

Een bepaalde scene uit de film zal ik nooit vergeten. Een dominee probeerde de familie te overtuigen om te stoppen met het helpen van de Joden. Vader Ten Boom betoogde echter: "De Joden zijn het uitverkoren volk, Gods oogappel."

"Zij zijn degenen die Christus hebben gekruisigd!" riep de dominee uit.

Op dat moment droeg Betsy een joodse baby de kamer binnen.

Toen ze de dominee zag riep zij opgelucht: "Oh dominee! U bent een antwoord op ons gebed. U woont op het platteland. Deze baby zal bij u veilig zijn!" De dominee weigerde de baby te helpen door het excuus te gebruiken dat dit kind hem en zijn familie in gevaar zou brengen. "En daar komt nog bij dat christenen de wet moeten gehoorzamen" betoogde hij. Haastig verliet hij het huis.

"Hoe kan zo'n man zichzelf christen noemen?" brieste Corry.

"Een muis in de koekjestrommel maakt hem nog geen koekje," antwoordde vader ten Boom.

Na het zien van de film dacht ik: *Op de een of andere manier worden we gekenmerkt door onze daden en niet door onze religieuze aanspreektitels*. Hoewel mijn ouders mij van jongs af aan mee naar de kerk namen, wist ik niet veel van het christendom, behalve de kerkelijke richting waarbij we hoorden. Het bijwonen van de diensten was meestal een test in uithoudingsvermogen geweest, waarvoor ik de meeste keren zakte. Zelfs als kind bespeurde ik de grote verveling op de gezichten van de volwassenen en wist ik dat ook zij zich probeerden te 'gedragen'. Het verlangen om op een vrome manier goed te doen binnen het christendom had niets te maken met een relatie.
De enige religieuze actie die ik waarnam eiste het bijwonen van een dienst op een bepaalde dag, niet een actie die je het leven kon kosten.
In de film kwamen namen voor als: 'Gods oogappel' of het 'Uitverkoren volk' of 'Moordenaars van Christus'. Naarmate ik meer leerde over de Holocaust, begreep ik dat de Europese wereld zich voornamelijk geconcentreerd had op de derde definitie: 'Christus moordenaars'.

Op weg naar huis tolden al deze gedachten door mijn vermoeide hersenen. De Joden, de Holocaust en Israël- alles had zoveel verschillende aspecten. Ieder nieuw gebied waarmee ik kennis maakte leek alleen maar nog meer vragen op te werpen. Aan het einde van deze lange dag bleef er uiteindelijk maar een vraag voor mij over: "Wanneer kan ik mijn vermoeide hoofd op het kussen leggen?"

HOOFDSTUK 8

Het laatste kerstfeest thuis

Tijdens mijn laatste werkmaand leek het alsof degenen die van mijn vertrek naar Israël afwisten steeds bezorgder werden. Vanwege de Kersttijd ontmoette ik heel wat familie en vrienden en merkte dat men langer dan gewoonlijk naar me bleef kijken. *Ze denken misschien dat dit de laatste keer is dat ze me levend zien,* dacht ik. *Ze proberen mijn gezicht in hun herinnering op te slaan.* Velen hoopten waarschijnlijk ook dat ik op het laatste moment van gedachten zou veranderen en 'de Indianen zou gaan helpen' in plaats van dat Israëlgedoe.

Mijn vlucht was op 7 januari 1977. In mijn kamer controleerde ik keer op keer mijn vliegticket en paspoort, ook om er alleen maar naar te kijken. Dinsdagmiddag zou ik met British Airways naar Londen vliegen en dan, na een stop-over van drie uur, op woensdagmorgen de vlucht nemen naar Tel Aviv.

Kerst was voor mij een goede afleiding. Het was altijd mijn favoriete vakantie geweest waarin we elkaar verhalen vertelden, cadeautjes kochten en praatten over van alles en nog wat.
Toen eenmaal de Nieuwjaarsfeestjes achter de rug waren en iedereen bijgekomen was van de overdaad aan alcohol, leken de dagen snel voorbij te gaan. Soms maakte het naderende vertrek me ongerust, maar over het algemeen was ik kalm en ervoer ik een diepe, innerlijke vrede.

De stemming van mijn familie en vrienden werd echter steeds somberder.

"Wij komen naar het vliegveld om je uit te zwaaien!" zeiden ze. Inwendig kreunde ik, omdat ik veel liever had dat alleen mijn ouders en zus bij het afscheid zouden zijn. Dit zou mijn eerste internationale vlucht worden en ik moest me concentreren op wat ik op het vliegveld moest doen.

Ik heb een hekel aan grote menigten en wil helemaal niet in het middelpunt van de belangstelling staan. Zeker niet bij mensen die zich gedragen alsof ik mijn eigen begrafenis opvoer. Daarbij vergeleken stelde de vlucht naar Israël niets voor.

Een van mijn kerstcadeautjes was een nieuwe rugzak. De avond voor vertrek ging ik nog een keer alle vakken na om er zeker van te zijn dat ik alle spullen die ik het komende jaar nodig dacht te hebben ook werkelijk bij me had. In mijn handbagage zaten spullen die ik tijdens de lange vlucht nodig had, zoals het tekenschrift met harde kaft, dat mijn tante me cadeau gegeven had. Zo lang ik me kon herinneren heb ik altijd goed kunnen tekenen; mijn dierbare tante was mijn grootste fan. *Aan dit schetsboek ga ik plezier beleven*, dacht ik. *Op deze reis zullen vast meer dan genoeg nietsvermoedende modellen zijn.*

Die nacht sliep ik niet goed. Mijn ouders hadden allebei vrij genomen, waardoor we 's morgens veel tijd samen hadden. Mijn moeder maakte een uitgebreid ontbijt en een overdadige lunch voor me klaar.
Tegen de tijd dat we in de auto stapten zat ik zo vol dat ik tijdens de vlucht niets meer zou hoeven eten. Waarschijnlijk had zij het expres gedaan, zodat ik wat langer aan thuis zou blijven denken.

HOOFDSTUK 9

Luchthaven drama

Hoe dichter we bij het vliegveld kwamen, hoe bedrukter de sfeer in de auto werd. In het begin spraken we over koetjes en kalfjes maar tegen de tijd dat we het vliegveld hadden bereikt waren we stil.
Ik was opgelucht uit te kunnen stappen.

De groep die ons in de vertrekhal opwachtte leek blij om me te zien.
Ik wou dat ik hetzelfde had kunnen zeggen. Tijdens het inchecken voelde ik hun ogen in mijn rug prikken. Toen ik mijn paspoort liet vallen, keek iedereen naar de grond. Zenuwachtig zocht ik naar de juiste gate, ondertussen knikkend naar degene die me goedbedoelde laatste adviezen of waarschuwingen gaf. Als ik maar eenmaal voorbij de glazen deur van de paspoortcontrole was, dan had ik het punt bereikt waarop ik niet meer terug kon. Ik verlangde ernaar om alleen te zijn, met rust gelaten te worden, alleen te zijn met mijn gedachten.
Ik was er bijna! Voor de glazen deuren draaide ik me om en keek naar mijn familie en vrienden die in een halve cirkel om me heen stonden. Nu kwam de laatste horde, de moeilijkste, wanneer iedereen ongemakkelijk wachtte op de laatste handdruk, het laatste woord, een laatste grap en de laatste stomp tegen de schouder.

Mijn moeder was de laatste. Nooit zal ik de manier vergeten waarop ze naar me keek. Zonder ook maar één woord te zeggen communiceerde zij met haar ogen alles wat ze mij wilde vertellen. Ze nam mijn gezicht tussen haar handen en omarmde mij toen zo stevig dat het bijna pijn deed. Terwijl we allebei heel erg ons best deden om niet te gaan huilen, deed ze een greep in haar handtas en drukte een boekje in mijn handen. Zonder te kijken stopte ik het in mijn handbagage. Nog een laatste omhelzing. Nog een keer keken we elkaar diep in de ogen en knikten zwijgend. Dit was een van de meest diepe, woordeloze gesprekken die ik ooit met mijn moeder heb gevoerd.

"Tot ziens allemaal!" zwaaide ik. "Ik zal schrijven, hoor!"
Snel liep ik naar de deuren, me bewust van hun ogen in mijn rug, met een groeiend gevoel van opluchting. Nog een paar keer zwaaien en ik was uit het zicht. Alleen. Eindelijk.

Na de beproeving van het afscheid nemen was het een opluchting om te relaxen in een van de luie stoelen. Nu kon ik mezelf toestaan om opgewonden te raken over de onbekende reis die voor me lag. De tijd ontbrak om te gaan schetsen, maar toen ik naar iets eetbaars zocht stuitte ik op het boekje dat mijn moeder gegeven had. Me haar gezichtsuitdrukking herinnerend toen ze me het boekje gaf, aarzelde ik even voordat ik het uit mijn tas haalde. *Een Nieuw Testament? Wat heeft dit te betekenen?* Ik moest bijna lachen toen ik me realiseerde wat mijn moeder hiermee geprobeerd had te zeggen: "Je staat op het punt je Maker te ontmoeten. Wij denken dat Hij iets met dit boek te maken heeft, dus dan kan je het maar beter uitzoeken."
Ze maken zich allemaal veel te veel zorgen, dacht ik. *Als iemand me dit ziet lezen, dan denken ze dat ik religieus gestoord ben.*

Aan boord van het vliegtuig vroeg ik me af hoe ik die negen uur vliegen moest doorkomen en begon de snacks uit mijn tas te halen.
Opnieuw raakte mijn hand het Nieuwe Testament. Voorzichtig nam ik het in mijn handen en zag toen dat het boekje er gebruikt uitzag en dat de hoeken beschadigd waren. Omdat er niemand naast me zat, had ik de moed om het door te bladeren. *Ik kijk het alleen maar even vluchtig in,* zei ik tegen mezelf en werd zowaar nieuwsgierig. Terwijl ik stukjes over Jezus las, over wat Hij gezegd en gedaan had, voelde ik me op een vreemde manier tot Hem aangetrokken. Een soortgelijke ervaring had ik toen ik voor het eerst *Exodus* had gelezen, maar dit keer ging het niet over een land of een volk, maar over een Man.
Ik voelde me aangetrokken tot deze persoon, tot Zijn woorden, Zijn daden, en was verbluft over de manier waarop Zijn vrienden Zijn persoonlijkheid beschreven. Hij had autoriteit maar was ook zachtmoedig en ik was verbaasd dat Hij altijd aanspreekbaar was. Verlangend Hem beter te leren kennen was ik blij met al die uren dat ik kon lezen.
Mijn eerste reactie was: *Dit is niet echt, ik lees alleen geschiedenis!*

Toch voelde ik dat de woorden die Hij toen had gesproken ook voor nu golden, dat ze op een bijzondere manier 'voor dit moment' waren.

Als kleine jongen had ik in de kerk over Jezus geleerd, maar wat ik nu las was volslagen nieuw voor me. Opnieuw werd ik met een ander mysterie geconfronteerd dat meer vragen opriep; het waren vragen die ik moest onderzoeken.
Ik was al heel wat nieuwe persoonlijkheden en mysteries tegengekomen: Israël, de Holocaust, Joden en nu deze Jezus – ze leken allemaal met elkaar vervlochten te zijn. Op de een of andere manier wist ik dat al deze dingen me in Israël te wachten stonden.

De laatste dertig jaar vergelijk ik met een brede horizon met herkenningspunten die mij vertellen hoe ik op het huidige punt ben beland. De twee duidelijke bakens op deze reis waren het boek *Exodus* en de Bijbel. Oud en bijna vergeten leidden beide tot een cruciaal keerpunt in mijn leven. De 'persoon' van de Holocaust zoals die opdoemt in het boek *Exodus* kruiste met de persoon van Jezus zoals Hij beschreven wordt in het Nieuwe Testament.

Ik was op weg naar het enige land ter wereld dat zo overduidelijk de herinneringen aan deze twee geschiedkundige figuren in zich herbergde. Het conflict dat tussen hen bestond, daar was ik nog niet op voorbereid.

Na al die jaren ben ik nog steeds verbaasd hoe God de omstandigheden op zo'n wonderbaarlijke manier in elkaar vlocht.

Ben Gurion Airport - Tel Aviv

HOOFDSTUK 10

Welkom in Israël!

Tijdens de drie uur durende stop-over in Londen pakte ik mijn schetsboek en ging op zoek naar nietsvermoedende modellen. Alles was nieuw voor me. Overal zag ik mensen die zich van de ene plek naar de andere haastten. Onder de wachtende reizigers zaten heel wat potentiële modellen. Ik betrapte mensen in grappige posities, vooral als ze wegdommelden in ongemakkelijke plastic luchthavenstoelen. Die schetsen heb ik altijd bewaard.

Tijdens de vier uur durende vlucht van Londen naar Tel Aviv zat ik naast een jongeman met lang haar en een baard. Afgezien van het feit dat hij uit Londen kwam en met een Cockney accent sprak hadden we tweelingbroers kunnen zijn. Bijna de hele vlucht was hij aan het woord. Ik slaagde erin om op het juiste moment te reageren met een woord of een hoofdknikje maar had de grootste moeite om hem te begrijpen. Iemand heeft ooit gekscherend gezegd dat de Britten en de Noord-Amerikanen twee bevolkingsgroepen waren die door dezelfde taal waren gescheiden.

Vanuit mijn stoel bij het raam zag ik de kustlijn van Israël opdoemen. Even later vlogen we over Tel Aviv, de grootste stad van het land.

Het panorama dat zich onder mij ontvouwde ontroerde me, maar tegelijkertijd vroeg ik me af: *Hoe kom ik naar mijn kibboets?*

"Hoe kom ik in Ramat Hakovesh?" vroeg ik bij de informatiebalie. Hondsmoe, besloot ik mezelf op een taxirit te trakteren. "Hoeveel kost het met een taxi?" Omdat ik zelf taxichauffeur was geweest, wist ik dat het belangrijk was om de lokale prijzen te weten, zodat ze een verreisde, vermoeide nieuwkomer niet konden oplichten.

Na onderhandeling met een van de schreeuwende taxichauffeurs die buiten de aankomsthal stonden te wachten, vertrokken we. Tijdens de een uur durende rit naar Ramat Hakovesh, was ik aangenaam verrast verharde wegen te zien en dat alles moderner was dan ik had verwacht. Terwijl we door kleine stadjes reden, probeerde ik iets vertrouwds te ontdekken tussen al het nieuwe. Het enige dat mij opviel was de platte daken en dat op ieder dak een rechthoekig stuk reflecterend glas stond met daarnaast een grote ronde metalen tank. Dit bleken zonnecollectoren te zijn voor warm water. De meeste gebouwen waren opgetrokken uit steen of gegoten betonblokken; slechts enkele hadden een puntdak met rode, keramische dakpannen. Toen kwamen de citrus boomgaarden met hun kleurrijke fruit die waren omgeven door hoge, stoffige cederbomen, die eruit zagen als schildwachten.

'Kfar Saba' las ik op het verkeersbord in het Hebreeuws en het Engels. Het was de laatste stad was voor Ramat Hakovesh. Aan beide kanten van de weg zag ik uitgebreide boomgaarden en omgeploegde velden die tot aan de horizon reikten.
Toen we het elektrische hek van de kibboets binnenreden zag ik lange, lage en smalle gebouwen met daartussen prachtige groene gazons met bomen.

"Sjaloom, veel geluk!" zei de taxichauffeur nadat ik hem betaald had. Daar stond ik dan in mijn eentje. Terwijl ik op een gebouw afliep verscheen er opeens een vrouw. Met een zwaar Israëlisch accent zei ze: "Je ziet eruit of je hier nieuw bent".

"Dat ben ik ook".

"*Sjaloom*! Ik ben Beila" zei ze, "de coördinator van de vrijwilligers." Ik volgde Beila naar haar geïmproviseerde kantoor in een van de gebouwen waar ze naar mijn naam en paspoort vroeg. "Ga zitten." Zonder te vragen of ik dat wilde gaf ze mij een kop koffie. Ik voelde me heel erg welkom. Vervolgens bracht Beila me naar de kamer die ik met twee andere vrijwilligers moest delen. Paul was een vijfentwintigjarige, stille en sombere Jood uit New York en een kettingroker.
Ian was een vriendelijke Zuid-Afrikaanse Jood. Deze goed uitziende jongen was een favoriet van de dames. De kamer had precies de lengte van twee eenpersoonsbedden achter elkaar. Naast het bed van Paul stond een multiplex vierkant tafeltje van 90 centimeter; onze gemeenschappelijke kledingkast stond aan de andere kant van het bed van Ian. Dat bed leek op een rampgebied. Ik vroeg me af hoe het mogelijk was om tussen al die vieze kleren genoeg ruimte te vinden om te slapen.

Paul's hoek was beangstigend netjes; die van mij zat daar ergens tussen in. Omdat mijn bed naast de deur stond, kon ik niet veel spullen laten slingeren omdat de deur dan geblokkeerd zou worden.

Ik had een paar dagen om aan mijn nieuwe omgeving te wennen voordat de *oelpan* begon. De cursus Hebreeuws zou zes maanden duren. Er waren ongeveer 30 studenten in de beginnersklas, *kita alef*, en twintig gevorderde studenten in *kita beet*. Mijn eerste week was gevuld met vreemde, nieuwe woorden. Tijdens het leren van het alfabet voelde ik me weer een klein kind. Het was de enige manier om een nieuwe taal te overleven.

Mijn klasgenoten waren afkomstig uit tien verschillende landen. Sommigen waren door hun families onder druk gezet om als vrijwilliger naar een kibboets te gaan, anderen omdat hun gemeenschap dat van hen verwachtte terwijl er ook waren die op zoek waren naar avontuur voordat zij serieuze levensbeslissingen zouden nemen.

De gemeenschappelijke noemer was de overweging of Israël een mogelijke toekomst voor hen kon betekenen. De andere niet-Jood in mijn klas was een Japanse jongen die was 'ontsnapt' aan de Japanse universiteit en door het Midden-Oosten wilde reizen.

De sfeer in de klas was altijd geladen met culturele verschillen die gepaard gingen met sterk wisselende verlangens om al dan niet de taal te leren. De interactie fascineerde me. Ondanks het feit dat ik tegelijkertijd op zoek was naar God, genoot ik van de gelegenheid om tussen alle deze verschillende persoonlijkheden te zitten.

Kibboets

Ramat haKovesh

HOOFDSTUK 11

Verdwaald en gevonden in Haifa

Tegen het eind van de eerste week in *oelpan* keek iedereen uit naar onze eerste Sjabbat in Israël. Op vrijdag hielden de lessen vroeg op, zodat we gelegenheid hadden ergens naar toe te reizen voordat de bussen niet meer reden. Op zaterdagavond, (*motsei sjabbat*) als het openbaar vervoer weer ging rijden, moesten we naar de kibboets terugkeren. Zondag, de eerste dag van de Israëlische werkweek, begon school en werk weer.

Een van de manieren waarop de leraar ons aanmoedigde ons Hebreeuws te oefenen was de studenten te vragen wat hun plannen waren voor hun vrije dag. Gelukkig had ik een paar klasgenoten voor me, zodat ik tijd had om mijn eerste publieke toespraak in het Hebreeuws te oefenen. Het maakte me nerveus en ik geneerde me bij voorbaat al.

Anie nose'a laJeroesjalajiem - Ik reis naar Jeruzalem, repeteerde ik in gedachten. Tegen de tijd dat ik aan de beurt was waren er verschillende bestemmingen genoemd. Zwetend en met een rood hoofd slaagde ik erin om de juiste woorden te zeggen, waarna ik achterover leunend naar de nerveuze pogingen van de anderen luisterde.

Het laatst aan de beurt was een meisje uit New York: "*Anie nosa'at la Haifa,*" (Ik reis naar Haifa). Opeens riep ze, zonder dat daar enige aanleiding voor was: "Rick! We gaan met een busje naar Haifa. Zin om met ons mee te gaan? Er is nog een plaats over." Dat was een vreemd verzoek, vooral omdat ik de klas net had verteld dat ik naar Jeruzalem zou gaan. En toch bood dit meisje, dat ik niet goed kende, me een ritje aan naar Haifa. *Misschien wil Hij dat ik naar Haifa ga,* dacht ik. Ik was van plan ooit weleens naar Haifa te gaan, dus waarom nu niet? "O.k. Ik ga met jullie mee," riep ik terug.
Haifa is een havenstad aan de Middellandse Zee. Het Carmel gebergte, dat bijna onmiddellijk vanaf de kustlijn oprijst, splitst de stad in twee delen: het lage 'Hadar' en het hogere 'Carmel'.

Het was al donker en regenachtig toen we de stad bereikten. *Goed dat ik mijn winterjas aan heb*, dacht ik. De legergroene jas had een grote capuchon en minstens tien grote zakken; een aantal ervan had ik volgestopt met brood en groenten uit de kibboets. Januari is in Israël vaak koud en nat. 'Koud' is voor een Canadees een relatief begrip, want Israëlische 'kou' is meestal tussen de vijf tot tien graden Celsius.

De chauffeur stopte voor het centrale busstation. In de veronderstelling dat de anderen zouden volgen stapte ik uit. Tot mijn grote verbazing ging de deur dicht en reed de auto verder. Het was nat en donker om mij heen, behalve de stadslichten hoog, in de verte. Er was bijna geen verkeer en ik voelde me volkomen alleen. *Ik kan maar beter een kaart van de stad zien te krijgen,* dacht ik zenuwachtig, *maar waar?* Vlug stak ik de straat over naar het busstation en kon nog net een kaart kopen voordat de krantenkiosk sloot.

"Welke bus moet ik nemen naar de stad?" vroeg ik de eigenaar.

"Het is Sjabbat, er rijden geen bussen" zei hij.

"Weet u of hier een jeugdherberg in de buurt is?"

"Nee," was alles wat hij zei voordat hij snel wegliep.

Wat moet ik nu doen? vroeg ik mezelf af. *Ik heb tenminste een kaart, dan kan ik altijd wel een park vinden om in te slapen.* Daarbij dacht ik aan de Canadese parken met hun zachte gazons en brede bomen die je tegen de regen konden beschermen. Al snel realiseerde ik me dat dit in winters Haifa onmogelijk was.

Midden op de kruising, me afvragend welke richting ik moest kiezen, zei ik zacht: "Ik dacht dat U wilde dat ik hiernaartoe zou gaan. Nou, hier ben ik. Wat nu? Welke richting moet ik nemen?"

Er gebeurde niets spectaculairs.

Ik ga rechtsaf en dan naar het hogere deel van stad, dacht ik bij mezelf. *Als toerist kan ik naar de lichtjes van de stad kijken.* Terwijl ik in de richting van de boven Carmel liep, hield ik een van de weinige taxi's aan en vroeg de chauffeur of hij ergens een jeugdherberg wist.

"Ja, er is er eentje net buiten de stad," antwoordde de man. "Ik wil je er best naar toe brengen, maar vanwege de Sjabbat is het tarief

drie keer zo hoog als normaal," waarschuwde hij.
Omdat ik me die rit niet kon veroorloven, sjokte ik door straten met hoge flatgebouwen. Inmiddels waren alle winkels ook dicht.
Uiteindelijk bereikte ik de top van het gebergte. Daar waren verschillende kleine parken met terrassen, dure winkels en luxehotels.

Ik ging op een bank zitten met uitzicht op de pittoreske Haifa Bay.
In de verte glinsterden langs de kustlijn de olieraffinaderijen. Hoewel ik genoot van het uitzicht had ik nog steeds geen slaapplaats. Het was al laat en mijn jas was nat en zwaar van de regen.

"Ik dacht dat U me hier wilde hebben," herhaalde ik. "Hier ben ik; ik heb geen slaapplaats en ik weet nauwelijks waar ik op dit moment ben." Het was geen gebed, meer het vaststellen van een feit. Niet wetend wat ik moest doen besloot ik terug te keren naar het lagere deel van de stad.

Onderweg naar beneden botste ik tegen een voetganger die Engels sprak, dus vroeg ik hem naar een jeugdherberg. Hij wist er geen een in de omgeving, maar stelde voor, "Een klein eindje verder in de straat is het Scandinavisch Zeemanshuis. Doe alsof je een zeeman bent.
Misschien geven ze je dan een kamer voor de nacht."
Wanhopig, was ik bereid alles te doen.
Tien minuten later belde ik aan bij het Zeemanshuis en legde de vrouw die opendeed mijn netelige positie uit.

"Nee, het spijt me, je kunt hier niet blijven," zei ze. Toen ik op het punt stond om weg te lopen, riep ze me terug. "Wacht! Aan de overkant woont een Amerikaans stel dat soms mensen opneemt voor de nacht." Hoewel dit mij een beetje vreemd in de oren klonk, wilde ik het wel proberen. Ik belde aan bij de ijzeren poort van het huis met twee verdiepingen. Niemand reageerde. Opeens zag ik een papiertje waarop in het Engels stond geschreven: "Als we deze deur niet opendoen, gebruik dan alstublieft de zijdeur."
Nadat ik op de bel van de zijdeur had gedrukt werd deze geopend door een vrouw van middelbare leeftijd.

"Klopt het dat u mensen opneemt voor de nacht?" vroeg ik haar wat ongemakkelijk.

"Jazeker! Heb je een bed nodig?"
Verrast door haar vriendelijkheid mompelde ik: "Ja graag, als dat mogelijk is."

"Kom binnen! Op dit moment is er een samenkomst."
Voordat ze iets anders kon voorstellen stapte ik naar binnen.
Samenkomst? Wat zou ze daarmee bedoelen? Ik had geen idee en het kon me ook niet schelen, zolang ik maar uit de kou was en in een warme, droge kamer. Terwijl ze mijn drijfnatte jas aannam, gaf de vrouw me een handdoek om mijn gezicht af te drogen en bracht me naar de woonkamer die vol mensen was van allerlei leeftijden.

Iemand pakte een gitaar, er werd een nummer geroepen en iedereen zong mee van een liederenblad. Omdat ik me niet op mijn gemak voelde, luisterde ik naar de vredige melodie, terwijl ik de woorden meelas. De liederen gingen over Jezus en het was alsof ze door middel van de muziek met Hem praatten. *Misschien heeft Hij me naar Haifa gebracht. Misschien moesten al deze vreemde dingen gebeuren om mij hier vanavond te laten zitten!* De gedachte schokte me. Hoewel ik niemand in de kamer kende, voelde het alsof ik erbij hoorde.

Toen het zingen was afgelopen stelde een man zichzelf voor als Wilbur en zei hij "Dit is mijn vrouw, Betty", wijzend naar de vrouw die mij had binnengelaten.

"Bedankt voor jullie komst," zei Wilbur. "Ik wil graag een korte studie geven uit het Nieuwe Testament."

Omdat ik in het vliegtuig het Nieuwe Testament had gelezen luisterde ik vol interesse. *Het is geen toeval dat ik hier ben beland,* besefte ik. *Dezelfde God waarnaar ik op zoek ben, begint Zich te laten vinden, verbazingwekkend!* Toen Wilbur klaar was met spreken sloot hij de bijeenkomst af met gebed. Een paar vrijwilligers zetten hapjes en drankjes klaar en iedereen begon met elkaar te praten. De gesprekken waren informeel en iedereen was hartelijk en vriendelijk. Later op die avond kreeg ik van Betty een set lakens en een deken en wees ze me waar ik kon slapen. De kamer leek op een slaapzaal met stapelbedden, net een jeugdherberg.

"Ontbijt is morgenochtend om acht uur," vertelde Betty me.

Sjabbatmorgen ging ik bij de andere gasten aan de lange tafel in de eetkamer zitten, maar voordat we aan het eenvoudige ontbijt begonnen, zongen ze een lied. Deze zegen over het voedsel trof me diep. Jarenlang was ik op zaterdagmorgen nooit om deze tijd wakker geweest. Normaal gesproken stond ik pas 's middags op, vergezeld van een zware hoofdpijn en vage herinneringen aan de nacht ervoor.
Zo vroeg op te staan en een zegen te zingen over mijn eten was heel vreemd voor mij, maar het beviel me prima.

Arthur Blessitt in Jeruzalem, 1977

HOOFDSTUK 12

Ontmoeting met Arthur Blessitt

Vanaf die dag reisde ik in de weekenden regelmatig naar Haifa en logeerde dan in de jeugdherberg aan de Hagefen straat. Het was fantastisch om de mensen te leren kennen en te luisteren naar hun verhalen of hoe zij tot geloof in Jezus waren gekomen.

Op een keer besloot ik het weekend niet naar Haifa maar naar Jeruzalem te gaan. Met mijn toeristenkaart wandelde ik door de nauwe steegjes van de Oude Stad. De koelte van de stenen muren, het klokgelui, de stemmen van kopers en verkopers en al die exotische geuren waren opwindend; het was alsof ik midden in een levende, rijke geschiedenis terecht was gekomen. De naam van de stad, Jeruzalem, was verweven met veel Bijbelse geschiedenis en vormde een verbindingspunt tussen God en Zijn oude Volk. Opeens besefte ik dat ik verdwaald was.

"Kunt u me vertellen hoe ik op de Olijfberg kan komen?" vroeg ik aan een voorbijganger.

"Gewoon deze straat volgen, de Via Dolorosa," zei de man.
Die naam kwam mij bekend voor.

Opeens hoorde ik opgewonden stemmen. Zingende mensen vergezelden een door de zon gebruinde man, gekleed in een T-shirt, spijkerbroek en sandalen. Het meest verassende was dat hij een levensgroot houten kruis droeg. Breed lachend manoeuvreerde hij het zware kruis door de drukke *sjoek*. Ik besloot de menigte te volgen en te zien wat er aan de hand was. De man stopte voor de Church of the Redeemer, een Lutherse kerk. Staande op een stoel sprak hij over Jezus en wat Hij persoonlijk voor hem betekende. Toen bad hij. Het moment dat ik mijn ogen sloot was het alsof ik in een deken werd gewikkeld, in een veilige omarming.

"In de Graftuin zal ik meer over mijn wandeling met dit kruis vertellen," zei de man. "Jullie zijn allemaal welkom om mee te komen."

Hoewel ik er geen idee van had waar hij naar toe ging, liep ik achter hem aan, totdat we bij een prachtige, stille ommuurde tuin kwamen. Ik ontdekte dat Protestanten de Graftuin beschouwen als de traditionele plek van Jezus' begrafenis. Deze lag in oost Jeruzalem, net buiten het toeristische gedeelte van de Oude Stad.

Onopvallend zat ik op de achterste rij en luisterde naar de ervaringen van Arthur Blessitt die zijn kruis door verschillende landen droeg.

"De reden waarom ik al zoveel jaren dit kruis heb gedragen is dat ik Jezus volg," legde hij uit. "Mijn relatie met Jezus is nu, tegenwoordige tijd. Het is zo reëel dat ik bereid ben dit kruis op zoveel vreemde plaatsen in gehoorzaamheid te dragen. Jezus is Koning van mijn leven."

In mijn diepste wezen reageerde er iets op deze woorden. Niet langer wilde ik zelf koning zijn over mijn leven. Voor deze reis naar Israël was mijn leven een puinhoop geweest. Daar, in de Graftuin, gaf ik stilletjes mijn leven aan Jezus; niet langer ik, maar Hij mocht nu mijn leven leiden.

"Als U Uw wil aan mij bekend wilt maken en ik er zeker van ben dat U het bent, dan zal ik het doen, wat U ook van mij vraagt. Ik zal U laten regeren," beloofde ik. Het moment dat ik deze woorden fluisterde, viel er een last van mijn schouders.

Op de terugweg naar het centrale busstation ervoer ik een diepe vrede. In zekere zin was de zoektocht geëindigd, maar tegelijkertijd begon een leven dat rijker zou zijn dan ik mij ooit had kunnen voorstellen.

HOOFDSTUK 13

Kibboetsleven

De kibboetsleden waren altijd erg aardig tegen mij; voor hen maakte het niet uit dat ik geen Jood was. Vooral de ouderen, die wisten dat ik geen familie in Israël had, deden hun best om mij een 'thuis' gevoel te geven en leken een bijzonder zwak voor 'wezen' te hebben. Waarom, ontdekte ik als ik op mijn vrije middag, onder het genot van ontelbare kopjes koffie met zelfgebakken cake, luisterde naar de verhalen hoe zij naar Israël en de kibboets waren gekomen. Ramat Hakovesh was gesticht door twintigjarige jongeren van de Poolse Zionisten bond.

De meesten kwamen uit grote Joodse families die hoopten hun zonen en dochters te volgen naar het toenmalige Palestina. Toen de Tweede Wereldoorlog uitbrak konden de meeste familieleden Europa niet meer verlaten en werden uiteindelijk door de Nazis vermoord.

Doordat veel kibboetleden in de Holocaust wees waren geworden identificeerden zij zich met degenen die hier zonder familie waren.

Terwijl zij hun verhalen vertelden, zagen zij dat hun geschiedenis mij fascineerde. Ik stelde veel vragen, maar op een dag vroegen ze mij iets persoonlijks. "Wat heeft jou naar Israël gebracht?"

Ramat haKovesh in de begintijd

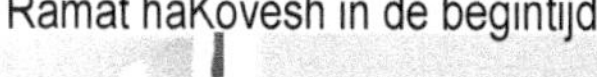

Ik besloot eerlijk te zijn en vertelde hen over mijn zoektocht naar God en hoe ik Jezus had ontmoet in mijn eerste maanden in Israël.
Heel goed herinner ik mij hun gezichtsuitdrukking toen ik Zijn naam noemde: "Jezus". Alsof ik gevloekt had. *Waarom?* vroeg ik me af.

"Ik zal je vertellen wat deze naam voor Joden betekent," begonnen mijn vrienden. "Door de eeuwen heen hebben ze ons Zijn dood kwalijk genomen. De christelijke kerk kijkt op ons neer alsof we minderwaardige mensen zijn, een vervloekt volk dat het verdient om gestraft te worden." Later leerde ik wat er gebeurde tijdens de Kruistochten, de Inquisitie en de Pogroms; de kerk zag het altijd als haar verantwoordelijkheid om de Joden te straffen, omdat 'zij Jezus gekruisigd' hadden. Rond Kerstmis en in het bijzonder rond Pasen was de Orthodoxe kerk in Polen en de Oekraïne buitengewoon ijverig - iedere Jood die ze vonden werd gedood, verkracht of geplunderd.
Veel van de oudere kibboetsleden waren het erover eens dat de kerk de oorzaak was van het grootste deel van hun lijden als volk. Door de eeuwen van de Europese geschiedenis heen werden de vervolgingen van de Joden steeds heftiger. Het eindigde met de gruwelijke wreedheden van de Holocaust. Toen ik hun kant van de zaak hoorde stond ik voor een groot dilemma. Nu ik meer wist over de zwarte bladzijden van de kerkgeschiedenis kon ik begrijpen waarom ze zich zo voelden. Maar, de persoon van Jezus die ik net begon te leren kennen kwam niet overheen met hun opvatting van Hem. Ik begon te begrijpen dat het kerkelijke instituut dat Jezus als hun Heer beleed, niet weerspiegelde Wie Hij werkelijk was geweest.

Ik begon van het kibboetsleven te houden - niet alleen het contact met de mensen, maar ook het harde lichamelijke werken op het land. Mijn besluit om wat langer in de kibboets te blijven had voordelen, want mijn 'senioriteit' gaf mij recht op een eigen kamer. Terwijl ik op een dag van het veld terugliep zag ik een stapel gesnoeide avocadoboomtakken liggen. Een groot, knoestig, interessant uitziend stuk hout nam ik mee naar mijn kamer. In mijn vrije tijd begon ik het hout met een eenvoudig mes te bewerken. Beseffend dat het hout te hard was voor een gewoon mes vroeg ik de timmerman van de kibboets of ik een paar oude beitels en een hamer kon lenen.

Waarom weet ik niet, want ik had nooit eerder houtsnijwerk gedaan. Ik wist hoe ik moest tekenen en schilderen, maar artistiek gezien was dit totaal iets anders. Er was veel vrije tijd, dus als mijn werk op de bananenplantage klaar was, ging ik verder met houtsnijden. Ik had niets speciaals in gedachten, maar terwijl ik het hout bestudeerde, verbeeldde ik me dat ik daarin bepaalde vormen zag, die ik door middel van de beitels tevoorschijn wilde laten komen.

Het gevoel van het gereedschap en de vormgeving van het hout was voor mij een soort meditatie, een plaats om mijn gedachten te onderzoeken. Ik bleef eruit halen wat ik 'zag'. Hier zag ik twee handen bij elkaar, en daar, in die knoest, zag ik een gezicht en een enkel oog. Het maakte niet uit of het logisch was; gewoon het gevoel, de geur en de interactie met het gereedschap tijdens het bewerken van het hout, dáár ging het om. Soms was ik van plan na werktijd een paar minuten hout te snijden, daarna te douchen en dan naar de eetzaal te gaan. Meer dan eens keek ik op mijn horloge om tot de ontdekking te komen dat het ver na middernacht was; ik was urenlang bezig geweest met houtsnijden! Omdat ik een paar uur later al moest opstaan, nam ik niet eens meer de moeite om me uit te kleden en ging gewoon in mijn werkkleren slapen.

Degenen die de *oelpan* volgden kregen een adoptie 'gezin' onder de kibboetsleden toegewezen. Het achterliggende idee was om zodoende ons Hebreeuws te gebruiken en meer te leren over het kibboetsleven. Tot op de dag van vandaag hebben we nog contact met mijn buitengewone adoptiegezin: de Carmis. Motti, mijn kibboetsvader, was in de kibboets geboren; vlak voor de oorlog uitbrak hadden zijn beide ouders in 1939 Polen kunnen verlaten. Ruti, mijn kibboetsmoeder, was in een nabijgelegen kibboets geboren. Haar uit Hongarije afkomstige ouders hadden de verschrikkingen van de Holocaust overleefd.

Toen ik voor de eerste keer op bezoek kwam was Zohar, het vierjarige dochtertje van de Carmis, de enige die het geduld opbracht te proberen mijn slechte Hebreeuws te begrijpen. De andere kinderen waren Dani, Noga en Zeev. Ik waardeerde de vrijgevigheid van dit geweldige gezin enorm. Alhoewel Ruti en Motti maar tien jaar ouder waren dan ik, voelde ik me vanwege het lage niveau van mijn conversatie Hebreeuws altijd als een klein kind. Motti was een stille gereserveerde man, terwijl Ruti een sterke persoonlijkheid was met een uitgesproken mening over alles. Ze vertelde me precies hoe ze over God dacht, en hoe belachelijk zij het vond, voor wie dan ook, om in 'zoiets' te geloven. Over mijn geloof in Jezus beginnen zou haar furieus maken, dus hield ik mijn mond tenzij ze er zelf over zou beginnen.

Nadat ik bijna drie maanden aan het hout had gewerkt, realiseerde ik me dat er een patroon was ontstaan. De in de tak uitgesneden afbeeldingen vertelden het verhaal van Jezus' genezing van de blinde man. Zonder vooropgezette bedoeling was het een visuele versie van het verhaal geworden.

Het integreerde mij; door uit de nieuwe geestelijk bron te putten leek het alsof ik in staat was geweest het verhaal op een creatieve wijze uit te beelden. Tijdens al die uren van houtsnijden was ik totaal opgegaan in mijn werk en gedachten. Het voelde als een intensieve tijd van gebed; alsof ik diep in mijzelf had gegraven om uitdrukking te geven aan iets wat nu zichtbaar was geworden.

Een paar dagen later kwam Ruti mijn kamer controleren. Als een echte moeder mopperde ze: "Je kamer is een grote puinhoop! Die moet je opruimen!" Toen ze het houtsnijwerk in het midden van de kamer zag staan, werd ze stil en bestudeerde de details. "Wat prachtig!" riep ze uit, duidelijk nieuwsgierig naar het kunstwerk. "Als het af is dan wil ik het hebben!" Ze wees naar zichzelf. "Ik weet al waar het in huis goed zal staan."
Wetend dat protesteren geen zin had, knikte ik alleen maar.

Het kostte me nog een paar weken voordat ik vond dat het stuk klaar was. Dagenlang had Ruti mij achter de broek gezeten om het houtsnijwerk af te maken. Ik wist dat Ruti kwaad zou worden als ik haar zou vertellen wat ik in het werk zag. Nadat ik gebeden had om wijsheid, vertelde ik haar dat het stuk klaar was.

"Kun je morgen naar mijn kamer komen om het op te halen?"
Toen Ruti de volgende dag verscheen zei ik: "Ik wil graag vertellen wat ik in het hout zie." Twintig minuten lang luisterde zij, zittend op het voeteneind van mijn bed, terwijl ik door middel van de verschillende afbeeldingen het verhaal vertelde van Jezus'

genezing van de blinde man. Het was een wonder dat ze me zelfs niet een keer onderbrak.

"*Toda raba*, dank je wel," zei ze. "Het is een prachtig kunstwerk." Ze vertrok met het houtsnijwerk in haar armen.
Ik was er beduusd van. Toen was het alsof God tot mijn hart sprak: *Dit is jouw taal waarmee je met hen communiceert.* Op dat moment begreep ik dat kunst mij een innerlijke 'taal' gaf die het hart woordeloos aanraakte.

Jaren later, lang nadat Dafna en ik de kibboets verlaten hadden, bezochten we Motti en Ruti. De sculptuur die altijd in de verste hoek van de kamer had gestaan was er niet meer.

"Wat is er met het houtsnijwerk gebeurd?" vroeg ik Ruti voorzichtig.

"Ik besloot het aan mijn moeder te geven," vertelde ze me.
Aggie, die na de Tweede Wereldoorlog vanuit Hongarije naar Israël was gekomen, had de sculptuur altijd mooi gevonden. Ruti gunde het haar moeder om het in huis te hebben. Jarenlang genoot ze van het kunstwerk totdat haar gezichtsvermogen haar in de steek liet.
Op 84-jarige leeftijd was Aggie helemaal blind geworden.

Het verbaast me nog altijd dat mijn eerste houtsnijwerk, de genezing van de blinde man, jarenlang gestaan heeft in het huis van een blinde Holocaust overlevende Aggie is inmiddels overleden.

Achterste rij - van links naar rechts: Rick en Zoar, Motti (kibboetsvader) Ruti en Dani (nu 41 jaar oud)

" Want de Heere zal zich over Jakob ontfermen,
en Hij zal Israël nog verkiezen,
en zal hen in hun eigen land zetten:
en de vreemdelingen
zullen met hen verenigd worden,
en zij zullen het huis van Jakob aanhangen."
Jesaja 14 vers 1

HOOFDSTUK 14

Jesaja 14

Reizend door het land ontmoette ik gelovigen uit verschillende landen en achtergronden. Het fascineerde mij als mensen vertelden dat ze de stem van de Heer hadden 'gehoord', en wat er gebeurde nadat ze daaraan gehoorzaamden.

"Hoorde je God werkelijk spreken?" vroeg ik. "Hoe klinkt Hij dan?" Ik wilde weten of het echt was.

"Als de Heer spreekt, dan weet je gewoon dat Hij het is," zeiden ze. "Je zult een diepe innerlijke vrede ervaren."
Het klonk aardig, maar ik had iets concreter nodig.

Ilona, een Duitse vrijwilligster in de kibboets, en ik kregen verkering. Toen ze in verband met haar opleiding terug moest naar Duitsland, besloten we dat ik haar zou vergezellen om haar ouders te ontmoeten. Ik was blij dat onze relatie serieus werd. Mijn tijd in Israël was erg goed geweest; naar Duitsland vertrekken zou de volgende stap zijn. Een van mijn vrienden adviseerde mij Israël te verlaten tenzij ik een 'woord' van de Heer zou ontvangen dat ik moest blijven. Dit was nu eenmaal een moeilijke plek voor een jonge gelovige. In een ander land zou het veel gemakkelijker voor me zijn.

Ongeveer drie weken voor Ilona's vertrek bood ik een vriend die een slaapplek zocht mijn bed aan. Omdat ik altijd de bank in de woonkamer van mijn kibboetsouders mocht gebruiken, installeerde ik me daar voor de nacht. Rond middernacht was mijn hoofd vol van plezierige gedachten over mijn nieuwe Duitsland avontuur. En hoewel Israël altijd een speciaal plekje in mijn hart zou hebben, leek het erop dat de tijd gekomen was om verder te trekken. Terwijl ik druk bezig was na te denken en plannen te maken, kwam er, ogenschijnlijk uit het niets, een andere gedachte bij me op. Onuitgenodigd drong het mijn gedachtestroom binnen: *Jesaja 14!* Meer zei de stem niet. *Vreemd*, dacht ik, maar negeerde deze inbreuk op mijn plezierige gedachten. Een paar minuten later herhaalde de stem, sterker, *Jesaja 14!*

Ik wist echt niet wat ik moest doen. Als jonge gelovige wist ik dat Jesaja ergens in de Bijbel stond, maar niet waar. Mijn Bijbel zat in mijn rugzak die aan de andere kant van de kamer stond en ik lag te lekker om uit bed te stappen en die te pakken. Opeens voelde ik zo'n drang dat ik niet anders kon dan het licht aan te doen en mijn Bijbel te pakken.

Het duurde even voordat ik Jesaja vond. Zittend op het randje van de bank begon ik de eerste verzen van hoofdstuk 14 te lezen:
*"Want de Heere zal zich over Jakob ontfermen, en Hij zal Israël nog verkiezen, en hen in hun eigen land vestigen. De **vreemdelingen** zullen met hen verenigd worden, en zij zullen zich vasthouden aan het huis van Jakob. Dan zullen volken hen nemen en naar hun plaats brengen, en het huis van Israël zal hen bezitten als dienstknechten en dienstmaagden in het land van de Heer;"*
Toen ik deze woorden las wist ik onmiddellijk dat ik een van die 'vreemdelingen' was.

De terugkeer of 'vestiging' van de Joden in hun eigen land was de drijvende kracht geweest die ertoe had geleid dat ze weer de natie Israël waren geworden. Door Gods genade waren ze na de Tweede Wereldoorlog en de Holocaust weer teruggebracht naar hun thuisland. Ik wist niet dat vreemdelingen toegevoegd konden worden aan dit land.
Terug in bed ervoer ik een diep gevoel van Gods 'aanwezigheid' in de kamer. Dit Bijbelvers riep echter wel veel vragen op.
Heer, wilt u dat ik in Israël blijf? Ben ik een van die vreemdelingen die aan dit huis en dit land wordt toegevoegd? Opeens herinnerde ik mij dat mijn geloofsvrienden gezegd hadden dat als de Heer had gesproken, ik een diepe vrede zou ervaren. *O.k.,* Heer, dacht ik. A*ls ik in Israël blijf, wat gebeurt er dan met Ilona? Ik geloof niet dat ik daarover vrede ga krijgen.* Terwijl ik me in mijn deken wikkelde voelde ik een wonderlijke vrede over me komen. Al snel viel ik in een diepe slaap.

De volgende morgen sprak ik met Ilona over wat er die nacht met me gebeurd was. Ook al leek het allemaal vreemd, zelfs mystiek, ervoer ik een diepe vrede in mijn hart toen ik het haar vertelde.

Ze had moeite het te accepteren, omdat ze graag wilde dat ik mee naar Duitsland ging in de hoop dat we daar zouden trouwen. Maar, ik had mijn leven aan Jezus gegeven en wilde de realiteit van Zijn Koningschap in mijn leven. Zou dit een test zijn? Ik moest reageren, een beslissing nemen naar aanleiding van wat ik alleen zou kunnen omschrijven als een vreemde, geestelijke ervaring.

Ik kon ervoor kiezen de nachtelijke stem van mij af te schudden, mijn relatie met dit mooie Duitse meisje te omarmen en met haar mee te gaan. Levensgrote beslissingen nemen op basis van geestelijke aansporingen leek me nogal extreem en niet bepaald evenwichtig. Waar het op neerkwam was dat, als ik Zijn Koningschap op alle terreinen van mijn leven wilde, ik niet alleen deze 'aansporingen' serieus moest nemen maar ook een manier moest vinden erop te reageren.

"Als jij denkt dat dit woord van de Heer komt, dan moet het bevestigd of beproefd worden," zei Ilona.
Daar had ze gelijk in. *Maar hoe kan ik dit bevestigen?* vroeg ik me af. *Wat moet ik doen?* Opeens kreeg ik een idee. *Ik ga naar het Ministerie van Binnenlandse Zaken en vraag een verblijfsvergunning aan. Als de Heere wil dat ik in Israël blijf, dan moet dat in mijn paspoort gestempeld staan.*

HOOFDSTUK 15

Wonder bij *Misrad haPnim*
(Ministerie van Binnenlandse zaken)

Omdat het voor een niet-Jood in Israël bijna onmogelijk is om in aanmerking te komen voor welk type verblijfsvergunning dan ook, dacht ik: *Dit is een goede manier om uit te vinden of het woord dat ik gekregen heb juist is. Het is iets wat ik niet kan beïnvloeden, dus is het of van God, of niet.*
Er bestaan vier verschillende statussen in Israël: na het toeristenvisum komt die van tijdelijke verblijfsvergunning, dan permanente verblijfsvergunning en daarna Israëlisch staatsburgerschap.

Bij het Ministerie van Binnenlandse Zaken vroeg ik of ik de visa ambtenaar kon spreken. Na heel lang wachten werd ik eindelijk binnengeroepen. Achter een groot houten bureau zat een zwaarlijvige vrouw van middelbare leeftijd. Zo te zien had ze geen plezier in het werk dat ze waarschijnlijk al heel lang deed. Ik was zenuwachtig maar had gerepeteerd wat ik zou gaan zeggen.

"Wat heb je nodig?" vroeg de vrouw ongeduldig.

"Ik wil een tijdelijke verblijfsvergunning aanvragen," zei ik.
Mij nors aankijkend vroeg ze: "Ben je Joods? Nee? Nou dan is het niet voor jou."

"Daar ben ik me van bewust, maar toch wil ik het aanvragen." Verrast door mijn *choetspa* (brutaliteit) herhaalde ze: "Nee! Dat is geen status voor jou. Leuk dat je Israël bezocht hebt, maar nu moet je vertrekken. Dit is een Joodse staat. Als ik deze papieren naar Jeruzalem stuur, zullen ze je verzoek zondermeer afwijzen."

"Dat weet ik ook en ik waardeer uw hulp heel erg. Het is alleen een formulier, een stuk papier. Laten we het in ieder geval invullen," drong ik aan.
Ik wist dat ze boos was toen ze onrustig op haar school begon te schuiven. "Oké, goed. Als het zo zit, waarom dan niet meteen een permanente verblijfsvergunning aanvragen? Ze zullen geen van beide toewij-

zen, dus waarom niet meteen voor het hoogste gaan?"

"Prima, laten we dat doen," stemde ik toe, aanvoelend dat ik genoeg van haar tijd had verspild en dat zij mij weg wilde hebben. Vanwege mijn beperkte Hebreeuws hielp de vrouw mij het formulier in te vullen.

Omdat ik in het land moest blijven tot ik een antwoord had van het Ministerie van Binnenlandse Zaken omtrent mijn status, nam ik afscheid van Ilona met de belofte haar zo snel mogelijk te laten weten of ik naar Duitsland zou komen. Ik had gemengde gevoelens. Aan de ene kant wilde ik een diepere relatie met haar, maar aan de andere kant wilde ik weten of mijn relatie met Jezus echt was.
Ondertussen bleef ik op de kibboets werken. Terwijl de weken maanden werden, keerde ik terug naar het dagelijkse werkritme waar ik van hield.

Zes maanden na mijn visumaanvraag lag er opeens een officieel uitziende brief van het Ministerie van Binnenlandse Zaken in mijn postvakje. Omdat ik de aanvraag al bijna was vergeten, kwam de brief als een verrassing. Tijdens de lunch in de eetzaal opende ik de envelop. Er zat een papiertje in met slechts één Hebreeuwse zin: "Je verzoek is toegekend. Kom alsjeblieft met je paspoort naar het dichtstbijzijnde kantoor van Binnenlandse zaken." Twijfelend of ik het wel goed begreep, las ik de woorden opnieuw. "Wat betekent dit?" vroeg ik aan mijn kibboetsvrienden.

"Het lijkt erop dat waar je om hebt gevraagd, je is toegewezen." Ze lachten naar me. Ik werd opgewonden en tegelijkertijd vol verwondering. Het was niet alleen maar opwinding in de zin van: "Wow, ik mag in Israël blijven," maar meer zoiets als: "Wow! Hij heeft echt tegen mij gesproken! God spreekt tot ons! Hij sprak en ik heb Hem werkelijk begrepen!"

De volgende dag ging ik naar het Ministerie van Binnenlandse zaken en opnieuw moest ik naar die ontzagwekkende vrouw. Ik was er niet zeker van of ze zich mij herinnerde, maar omdat ik zo blij was met mijn papiertje deed ik alsof we oude vrienden waren.

"Ze hebben het me gegeven! Ze hebben me een permanente verblijfsvergunning gegeven!"

Opgewekt gaf ik haar het papier. Opeens herinnerde zij zich waarschijnlijk wie ik was en leek niet bepaald blij om mij te zien. Zonder mij aan te kijken las ze het papiertje, verfrommelde het tot een propje en gooide het in de afvalbak naast haar bureau.

"Een vergissing," Was alles wat ze zei, waarna ze opstond en het kantoor verliet.

Wat nu? dacht ik. *Het papiertje uit de prullenbak vissen? Is dit het einde van mijn afspraak? Waarom liep ze weg?* Allerlei gedachten tuimelden door mijn hoofd. *Wat heb ik verkeerd gedaan? Betekent dit dat de Heer niet tegen me heeft gesproken? Moet ik blijven?* Al mijn blijdschap was vervlogen.

Opeens ging de deur open en kwam de vrouw binnen met een dik dossier in haar handen. Zonder iets te zeggen of me aan te kijken ging ze zitten en bladerde langzaam door de papieren. Na een tijdje keek ze me aan. "Ik begrijp het niet. Er moet een fout zijn gemaakt," mompelde ze.

Dat verraste mij, maar voordat ik iets kon zeggen, ging ze door met het controleren van de papieren. Ze bleef mompelen: "Ik begrijp het gewoon niet. Ze hebben je een permanente verblijfsvergunning gegeven. Hoe kon dit gebeuren?"

Hoop keerde terug. In een poging sympathie te laten blijken, zei ik:

"Het is o.k. U hoeft het niet te begrijpen. Het enige dat u hoeft te doen is mijn paspoort stempelen; dan zal ik weggaan. U zult me nooit meer hoeven te zien!"

"Maar dit heb ik nog nooit meegemaakt," riep ze uit.

Terwijl ik mijn best deed rustig over te komen, schoof ik ongeduldig mijn paspoort naar haar toe. Eindelijk, na wat een hele lange tijd leek, haalde ze een groot rubber stempel uit haar lade en met een harde dreun stempelde ze de permanente verblijfsvergunning in mijn paspoort. Diepe emoties borrelden in mij naar boven. Mezelf beheersend bedankte ik haar en liep snel het kantoor uit.

Naast het gevoel van grote eerbied voor God ervoer ik ook mijn verantwoordelijkheid voor alles wat zojuist had plaatsgevonden.

Dit moment was een mijlpaal geweest, een die richting zou kunnen geven aan de rest van mijn leven. Ik zou immers nooit kunnen zeggen dat dit niet Gods werk was geweest.

De bevestiging om in Israël te blijven betekende echter ook het einde van de relatie met Ilona.

In de daaropvolgende maanden bedacht ik: *Als ik hier blijf, dan moet ik ook doen wat iedereen doet: in het leger dienen* (IDF).
Dankzij de hulp van verschillende mannen uit de kibboets lukte het mij om toegelaten te worden tot een kleine paratroepen eenheid; samen met hen vocht ik in de Eerste Libanon oorlog van 1981.
Als iemand me verteld had dat ik vier jaar na aankomst in Israël in het Israëlische leger zou vechten, zou ik hem gezegd hebben dat hij gek was. God overtrof mijn stoutste verwachtingen.
Nadat ik mijn diensttijd had afgerond ontving ik zonder problemen het Israëlisch staatsburgerschap. Ik verbaasde mij erover hoeveel God van dit volk en dit land houdt. Door zoveel verschillende contacten en relaties mag ik mij met hen identificeren.
Ik ben Hem oprecht dankbaar. Hij is een geweldige Vader.

Israëlische leger - Maatjes van de paratroepen eenheid

HOOFDSTUK 16

Dafna's verhaal

Ik werd in 1959 geboren als Lori Scheimann en groeide op in Fort Wayne, Indiana (Amerika) met mijn ouders en twee broers, ik was de middelste. Van huis uit waren wij Luthers en van beide kanten had ik Duitse grootouders wiens families bijna drie generaties lang in hetzelfde gebied woonden. Als er gesproken werd over iets dat niet voor onze oren bestemd was, dan spraken de ouders van mijn vader altijd Duits. Het leven in de VS bestond uit school, verjaardagen, feestdagen en gezinskampeervakanties. Aan de buitenkant leken we een hecht gezin, maar in de zeventiger jaren werden de verborgen huwelijksproblemen van mijn ouders steeds erger. De dreigende echtscheiding veroorzaakte veel onrust in huis. Ondanks het feit dat de Lutherse kerk voor mijn vader altijd een rots in de branding was geweest, vond hij daar niet langer antwoorden en begon hij ergens anders te zoeken. In die tijd kreeg mijn moeder psychologische hulp. Toen mijn vader, wanhopig op zoek naar hulp, op een avond naar een uitzending van Billy Graham zat te kijken, riep hij het uit naar God. Hij begon serieus de Bijbel te lezen en niet meer uit drinken te gaan met zijn maatjes. Toen mijn moeder de verandering merkte, vroeg ze zich af of hij ook niet naar de psycholoog moest.

"Nee," verklaarde mijn vader. "Ik ben veranderd omdat ik nu meer op God ben gericht."

"Dat is waar ik mijn leven lang naar op zoek ben geweest!" was de opgetogen reactie van mijn moeder.

Dat gebeurde in 1973 toen de charismatische beweging door Amerika trok. Mijn ouders begonnen niet alleen tentevangelisaties en huisbijeenkomsten bij te wonen maar zelfs katholieke charismatische evenementen. Ondanks het feit dat mijn ouders gelukkig leken, enthousiast waren en hun best deden om hun huwelijk te redden, benauwde mij die plotselinge verandering. Ze zeiden zelfs dat ze van elkaar hielden! *Is dit echt?* vroeg ik me af. Weigerend hun levensverandering te geloven werd ik opstandig en probeerde mijn leven in de tegenovergestelde richting te sturen. Drie jaar lang observeerde ik mijn ouders en hun vrienden.

"We houden van je," zeiden ze keer op keer, "en we bidden voor je."
Mooi, dacht ik, *maar ik heb mijn eigen vrienden die van me 'houden'.*

Na drie opstandige jaren nam ik mezelf eens goed onder de loep.
Wie ben ik? Dat wist ik eigenlijk niet. *Ben ik degene die thuis 'het lieve meisje' probeert te zijn om de vrede te bewaren? Of ben ik degene die meer en meer in de problemen komt als ik met mijn vrienden uitga?* Diep in mijn hart wist ik dat als er ooit iets ergs met mij zou gebeuren, mijn vrienden mij niet konden helpen omdat ze in dezelfde penarie zaten als ik. In de wetenschap dat mijn ouders en hun vrienden me in welke situatie dan ook zouden accepteren, begon ik hen meer en meer te vertrouwen.

Tijdens hun geestelijke zoektocht ontdekten mijn ouders ook dat de Bijbel erg Joods was. Ze vroegen zich af wat de feestdagen Pesach en Sukkot waren. Langzamerhand begonnen ze te begrijpen dat Israël geen begrip uit de oudheid was, maar dat het nu een levende, energieke en moderne staat was, waarover ze meer wilden leren en waarvan ze zelf meer wilden ervaren. Na menig bezoek aan onze Joodse buren en na het lezen van veel boeken, maakten mijn ouders een afspraak met de Israëlische Ambassade in Chicago.

"Is het mogelijk om in Israël te wonen?" vroegen ze. Mijn vader werd geadviseerd om zijn *curriculum vitae* als ingenieur in het ontwerpen van vrachtauto's op te sturen naar verschillende bedrijven in Israël. Een bedrijf in Nazareth Illit reageerde met een telegram: ze waren op zoek naar een vrachtauto ingenieur zoals hij. Zou hij binnen een jaar kunnen komen? Na een aantal besprekingen met de Israëlische ambassade besloten mijn ouders alles te verkopen wat ze hadden - het huis, de auto's en het vakantiehuisje aan het meer - en naar Israël te verhuizen.
Rond die tijd was ik bereid om met hen mee te gaan, aangezien ik inmiddels mijn leven aan de Heer had gegeven en besloten had Hem te volgen. Verhuizen naar Israël bood mij een nieuwe kans, een nieuw begin.

HOOFDSTUK 17

De eerste ontmoeting met Rick

We kwamen in september 1976 in Jeruzalem aan. Het was geweldig om de Oude- en Nieuwe stad te ontdekken met al die nieuwe geluiden, geuren en gezichten. Jeruzalem was een moderne stad die nauw verbonden was met een oude geschiedenis. We woonden bij een groep Amerikanen wat ons hielp om aan het 'Land' te wennen.

Drie maanden later verhuisden we naar Afula in de Jizreël vallei om dichterbij het bedrijf te zijn waar mijn vader werkte. In die periode veranderde ik mijn naam in 'Dafna'. Lori is afgeleid van Laurel [laurier], *Dafna* in het Hebreeuws. Als gezin schreven we ons in voor *oelpan* om in zes maanden Hebreeuws te leren. Onze Tunesische en Marokkaanse buren maakten ons vertrouwd met hun Joodse gebruiken. Wanneer we maar konden reisden we door het land en genoten ervan.

Omdat Haifa niet zo ver van Afula lag, reden we op vrijdag vaak naar een jeugdherberg waar een groepje gelovigen bij elkaar kwam.

Een jonge Canadees, Rick Wienecke, bezocht deze bijeenkomsten ook en bleef dan slapen. Deze jonge gelovige was verliefd op Jezus en op Israël; zijn enige verlangen was om beide beter te leren kennen. Toen ik hem voor het eerst zag had hij lang, golvend, zandkleurig haar en een ruige baard. Zijn geruite overhemd en blauwe tuinbroek waren zijn 'beste' kleren - zijn handelsmerk in die periode.

Het was zijn prettige, vriendelijke lach die mijn aandacht trok. Door alles wat ik de voorgaande jaren had meegemaakt was ik terughoudend geworden; met mijn 18 jaar was ik verlegen en vond ik het moeilijk om zo maar een praatje te maken, zelfs met leeftijdsgenoten. Tijdens verschillende gesprekken met Rick ontdekte mijn vader dat hij ook tennis speelde. Hij nodigde Rick uit om op vrijdagavond naar ons huis te komen, te blijven slapen en dan op Sjabbatmorgen te gaan tennissen.

Rick en ik werden vrienden; ik genoot ervan als hij kwam, want hij was pienter, grappig en maakte me aan het lachen. In de loop van de jaren hadden we onze eigen vrienden en een aantal serieuze relaties. Ik had verkering met een Israëlische jongen op wiens familie ik tijdens onze beginjaren in Afula erg gesteld was. Later wilde een knappe Nederlander dat ik hem zou gaan opzoeken. Ondanks dit alles bleven Rick en ik met elkaar in contact en gingen we heel gemoedelijk met elkaar om.

Ik hield van mijn baan als kleuterschoolassistente. Terwijl ik de twee- tot vierjarigen versjes leerde en verhaaltjes vertelde, leerde ik zelf ook veel, in het bijzonder over de Joodse cultuur, de feestdagen, de geschiedenis en hun denkbeelden. Heerlijk vond ik het om met de kinderen werkjes te maken, spelletjes te doen en verjaardagen te vieren. Wetend dat ik geen *'ganenet'* (kleuterjuf) zou willen zijn, besloot ik in 1979 om me aan te melden voor de verpleegstersopleiding.

Afula heeft een groot regionaal ziekenhuis voor de Arabische dorpen, de kibboetsiem en de mosjaviem. Hoewel het ziekenhuis vlakbij ons huis lag, besloot ik in het 'zusterhuis' te gaan wonen. Zo kon ik samen met de andere meisjes studeren en de Hebreeuwse taal meer eigen maken. In die tijd concentreerde ik me op mijn studentenleven en keek uit naar de dag dat ik gediplomeerd verpleegkundige zou zijn.
Rick zat in die tijd op een religieuze kibboets waar hij drie maanden een cursus volgde over het Judaïsme. Hoewel we elkaar niet veel zagen, bleven we contact houden.

In 1980, toen Rick 26 jaar oud was, werd hij parachutist in de *sjaked* (amandel) legereenheid. Ongeveer in diezelfde periode besloot ik het Afula ziekenhuis te verlaten en mijn opleiding te vervolgen in het kleinere Poria ziekenhuis vlakbij het meer van Galilea. In 1981 haalde ik mijn diploma verpleegkunde. Ik werkte op de kraam en gynaecologie afdeling en woonde in een zusterflat op het ziekenhuisterrein.
Ik hield van mijn beroep maar vond de voortdurende wisseldiensten erg zwaar.

HOOFDSTUK 18

"Jij bent mijn allerbeste vriend …"

Rick en ik zagen elkaar zo nu en dan. Op een gegeven moment viel het me op dat hij regelmatig belde, en begon ik mij af te vragen of hij opeens meer interesse in mij had. Door mijn drukke leven had ik niet in de gaten dat telefoneren hem veel moeite kostte. Mobiele telefoons bestonden toen nog niet en zijn legereenheid was steeds in beweging. Maar ik was altijd blij om mijn beste vriend te horen. In de hoop dat hij iets zou zeggen over een diepere relatie, vroeg ik hem: "Waarom bel je zo vaak?" en kreeg een vrijblijvend antwoord.

Niet lang daarna kwam Rick me bezoeken in de zusterflat. Hij was in uniform en droeg een grote plunjezak en ook ik was in uniform. Ik voelde me altijd op mijn gemak tijdens Rick's bezoeken, of dat nu bij mijn ouders thuis was of tijdens uitstapjes met vrienden. Normaal gesproken waren we ontspannen in elkaars gezelschap, maar deze keer was het anders. Hij was ernstiger, alsof hij iets op zijn hart had. Terwijl hij stijfjes in de stoel zat en ik op het smalle bed in mijn kamer, keek Rick me aandachtig aan en zei:

"Ik denk dat onze relatie serieuzer aan het worden is. Wat denk jij?"
Ik was onthutst! Dit was een heel directe vraag, precies wat ik wilde horen; maar tegelijkertijd worstelde ik met gedachten zoals, *maar mijn baan dan? Deze gekke diensten, hoe kan ik mij ooit aan allebei toewijden?*

"Rick," zei ik, "Jij bent mijn allerbeste vriend! We kunnen vrienden zijn."
Voor mijn gevoel was dit een bewijs van vertrouwen en ik hoopte dat dit de deur zou openen voor een verder gesprek.

Tot mijn verrassing knikte Rick alleen maar en zei: "Ik denk dat ik maar weer eens opstap." Hij pakte zijn tas en liep naar de deur.

Zijn reactie alarmeerde mij. Dit was niets voor Rick! Vanaf het balkon van mijn appartement zag ik de gouden zonsondergang; net zoals in een film waarin een man voor het laatst afscheid neemt.

"Betekent dit dat je me niet meer zo vaak zult bellen?" vroeg ik. Terwijl hij zijn plunjezak over zijn schouder gooide zei Rick: "Is er dan een reden waarom ik dat zou moeten doen?" Hij liep de zonsondergang tegemoet waar hij een lift kreeg naar zijn noordelijk gelegen legerbasis. Helemaal overstuur realiseerde ik me dat Rick me niet goed had begrepen. Hij dacht dat ik gezegd had niet geïnteresseerd te zijn in een relatie die verder ging dan vriendschap. Op dat moment wist ik het zeker: als ik hier niets aan doe, dan verlies ik een kostbare vriend.

Tijdens mij vrije weekend ging ik of naar mijn ouderlijk huis of ik nam de bus naar 'Beit Emanuël', een Messiaanse jeugdherberg niet ver van het strand van Tel Aviv. Op zaterdagavond ontmoetten jonge gelovigen tussen de 18 en 30 jaar elkaar daar voor Bijbelstudie, aanbiddingsmuziek en om gewoon bij elkaar te zijn. Omdat ik wist dat Rick daar het volgende weekend zou zijn, vroeg ik of mijn kamergenote een Franse vlecht in mijn schouderlange haar wilde maken. Ik trok mijn beste blouse en broek aan, pakte een weekendtas in en ging richting Tel Aviv. Ik moest met Rick praten! Hem vertellen wat ik echt voor hem voelde!

Ik was op tijd voor de avondbijeenkomst en zag Rick met een heleboel meisjes praten dus zorgde ik ervoor de hele avond bij hem in de buurt te blijven. Na afloop gingen we met een groep vrienden nog een pizza eten. Het feit dat Rick vriendelijk maar afstandelijk tegen me deed maakte mij verdrietig. Toen ik erachter kwam dat hij in de jeugdherberg een bed had besproken, was ik blij dat ik hetzelfde had besloten. De volgende morgen zaten er maar een paar mensen aan de ontbijttafel, dus konden we met elkaar praten.

"De basis heeft me een vrije dag gegeven," zei Rick. "Ik moet nog wat dingen regelen in de stad."

"Mag ik mee?" vroeg ik snel.

Met de bus reden we naar oud Jaffa en liepen naar het dichtstbijzijnde vergunningenkantoor. Terwijl ik met Rick in de rij stond dacht ik koortsachtig: *Wanneer komt er een geschikt moment om met hem te praten? Niet in de bus. Nee, onmogelijk en hier kunnen we ook niet praten.* Ik besloot te wachten tot het juiste moment.

De tijd ging veel te snel. Ik moest op tijd in Poria terug zijn voor mijn avonddienst en de busrit zou ongeveer drie uur duren. Toen Rick aanbood om mee te lopen naar het centrale busstation in Tel Aviv bemoedigde me dat – er begon weer wat toenadering te komen. De route langs het strand liep via een steile, rotsachtige helling.

Opgetogen greep ik Ricks hand toen hij me naar beneden hielp en zelfs toen we het strand bereikten liet ik hem niet los. Eindelijk zou ik hem kunnen vertellen hoe ik over onze relatie dacht.

We gingen op het warme zand zitten. Die zwoele herfstavond woei er een zachte zeewind. Ik genoot er zo van om bij Rick zijn dat ik bijna vergat te zeggen wat ik op mijn hart had. En toen was de tijd aangebroken om verder te lopen want ik moest een bus halen.

Op de promenade trokken we onze schoenen aan en keken naar de ondergaande zon. Toen Rick mij aankeek deelde ik mijn ware gevoelens en voegde eraan toe: "Ik hoop dat je nog steeds hetzelfde voor mij voelt."

Tot mijn opluchting brak zijn gezicht open in een prachtige 'Rick' grijns en begon hij te lachen. "Ja, dat doe ik!" riep hij uit. "Dit is de mooiste dag van mijn leven!"

Op het busstation kocht hij een zakje zonnebloempitten voor me en kreeg ik een liefdevolle kus. We namen afscheid, niet wetend wanneer we elkaar weer zouden zien.

Opgelucht, in de wetenschap dat onze relatie hersteld was, keerde ik terug naar het ziekenhuis. Zelfs meer dan dat: we hadden serieuze voornemens om die relatie te verdiepen.

In de veronderstelling binnen een week iets van Rick te horen begon ik ongerust te worden toen ik na drie weken nog niets van hem had gehoord. *Wat is er gebeurd?* vroeg ik me af. *Is hij soms gaan twijfelen?*

Omdat ik een lang weekend vrij zou hebben, besloot ik naar mijn ouders te gaan. Toen werd duidelijk waarom Rick niet had gebeld: Israël was in oorlog. Ik wist dat er ongeregeldheden en spanningen waren aan de Libanese grens, maar mijn drukke verpleegstersbestaan blokkeerde alles wat buiten het ziekenhuis gebeurde. Ik had niet in de gaten welke politieke gebeurtenissen hadden plaatsgevonden.

Nooit en te nimmer zou ik verwacht hebben dat mijn Rick opgeroepen zou worden om te vechten. Omdat Rick's eenheid de laatste maanden steeds moest trainen was hij regelmatig naar het noorden gereisd waardoor hij mij vaak had kunnen opzoeken. Hij had echter strikte orders niemand te vertellen wat zijn eenheid bij de noordelijke grens deed. Nu kwam ik erachter dat ze Libanon waren binnen getrokken.

De sfeer in het ziekenhuis werd steeds grimmiger en ik voelde de spanning met de dag toenemen. Omdat het Poria ziekenhuis een beperkt gebied bestreek, wisten we dat we waarschijnlijk geen ernstig gewonde soldaten zouden krijgen. Toch moesten we beschikbaar zijn. Elk uur keken en luisterden we naar het nieuws en regelmatig hoorden we helikopters overvliegen die gewonde soldaten naar de grotere ziekenhuizen in Afula en Haifa brachten. Zo vaak als ik kon kwam ik met andere gelovigen uit de regio bij elkaar om informatie uit te wisselden en voor de situatie te bidden.

HOOFDSTUK 19

"…. En ik zal overal met je meegaan!"

Weken later was ik weer bij mijn ouders toen Rick opbelde! Het was geweldig en zo opwindend om zijn stem te horen.

"Ik heb verlof van het front gekregen en ben op weg naar de kibboets," zei hij. "Mijn konvooi stopt in Afula, dus zal ik mijn officier vragen of hij me in het centrum kan afzetten."
Terwijl mijn vader Rick ging ophalen, maakten mijn moeder en ik snel wat eten klaar, omdat we ons konden voorstellen dat hij hongerig zou zijn. Eindelijk stapte Rick de voordeur binnen! Het was zo'n wonder om hem te zien! Ik kon mijn ogen niet van hem afhouden. Dankbaar en blij dankte ik God voor zijn veiligheid. Na meer dan vier weken vechten in Libanon zag Rick eruit als een wildeman. Vanwege zijn diensttijd was hij behoorlijk gespierd geworden maar nu zag hij er ook ruig uit. Zijn lange ongekamde haar en baard waren wit van het stof en zijn uniform zag eruit alsof hij het in geen dagen had uitgetrokken. Voor mij was zijn zichtbaar vermoeide, doorgroefde gezicht adembenemend – ik vond hem zo verschrikkelijk knap. We nodigden hem aan tafel en probeerden rekening te houden met zijn emotionele behoeften; we wisten nog niet wat hij had gezien of waaraan hij had deelgenomen. Rick kon geen hap door zijn keel krijgen; hij verontschuldigde zich en ging op de veranda zitten. Na een tijdje vroeg hij of hij een douche mocht nemen. Gekleed in schone kleren van mijn vader begon Rick zich een beetje te ontspannen. Mijn lieve ouders trokken zich terug zodat we samen konden zijn. Vanaf de veranda keken wij naar de sterren en ik wenste dat hij me nooit meer zou hoeven te verlaten.

Omdat ik nog twee dagen vrij had, besloot ik met Rick mee te gaan naar zijn kibboets, Ramat Hakovesh waar ik ook graag was. Het was heerlijk om samen te reizen; het gaf ons een gevoel van onafhankelijkheid. Zelfs de busritten of het liften, toen een normale manier van reizen, was bevrijdend. Dit was onze tijd samen en we leefden!

Even niet in uniform, vrij van verplichtingen, besloten we deze tijd samen uit te buiten. Met enthousiaste omhelzingen en veel blijdschap werd Rick door zijn kibboetsfamilie ontvangen. Motti en Ruti, die bekend waren met Ricks verhalen en escapades, hadden angstig het oorlogsnieuws gevolgd. Omdat iedereen Ricks verhaal wilde horen of zijn eigen verhaal wilde vertellen, deden we heel lang over het korte wandelingetje naar de eetzaal.

Al heel snel wisten de meeste kibboetsbewoners dat 'Rick en Dafna een stel' waren. We bezochten vrienden en praatten urenlang door in Rick's kamer. Als ik op de kibboets bleef slapen, gaf Rick me zijn kamer en sliep hij bij Motti en Ruti. Ik respecteerde Ricks overtuiging onze relatie puur te houden, wat ook een getuigenis was naar de mensen om ons heen.

Tijdens Ricks volgende verlof vroeg hij mij ten huwelijk. Dit keer was er van mijn kant geen aarzeling, geen zorg over mijn werk of verplichtingen. En toch was mijn antwoord hetzelfde: "Rick, je bent mijn allerbeste vriend en ik zal overal met je meegaan."

Samen zijn we op veel verschillende plaatsen geweest, altijd de weg van de Heer volgend. We hebben twee prachtige jongens grootgebracht, Daniel en Yohai. En we zijn nog steeds elkaars beste vriend.

HOOFDSTUK 20

Huwelijk, wittebroodsweken
en kibboetsleven

Dafna en ik trouwden in februari 1983 en kregen van de kibboets een huwelijksreis van vier maanden.

Omdat mijn moeder de bruiloft niet had kunnen bijwonen, vlogen we naar Toronto, waar zij een groot feest voor ons organiseerde.
We bezochten Dafna's familieleden in de VS en genoten van onze lange huwelijksreis met als sluitstuk: skiën in Taos. In Colorado bezochten we Dafna's oom Max en tante Judy die zendelingen waren geweest in Nieuw-Guinea. Zij hadden daar eenzelfde soort blokhut gebouwd als de primitieve hutten van het zendingsveld. Dafna herkende de hut vanuit haar jeugd en zag dat haar oom er nog een had gebouwd – deze had twee verdiepingen. Boven waren de leefruimten en op de begane grond was een grote open ruimte om kerkdiensten te houden of voor andere activiteiten zoals het opvangen van alcoholverslaafden. Oom en tante woonden in de andere blokhut.
Oom Max had de blokhutten verkocht maar moest de overeenkomst ongedaan maken omdat de nieuwe eigenaars niet betaalden.

In de eerste hut had een gezin gewoond met geiten en kippen, terwijl de andere tot stal was verbouwd. Jaren later zouden we pas begrijpen hoe belangrijk dit bezoek aan Colorado was geweest.

Na onze wittebroodsweken keerden we terug naar Israël. Dafna werkte eerst in het kinderhuis van de kibboets en later in het ziekenhuis in Kfar Saba; ik werkte op de bananenplantage.
Iedereen wist dat ik fulltime kunstenaar wilde worden in houtbewerking; als de kibboets een rendabele bedrijfstak had kunnen creëren, dan had mijn wens in vervulling kunnen gaan. Ook al was dat niet mogelijk, mocht ik van een schuurtje een studio maken en in Tel Aviv een kunstcursus van drie maanden volgen. Maar net als iedereen moest ook de 'kibboets kunstenaar' zijn volledige werk aandeel leveren.
We voelden ons thuis tussen onze kibboets vrienden, die ons volledig hadden geaccepteerd.

HOOFDSTUK 21

Op eigen wieken

Toen we zo'n anderhalf jaar getrouwd waren startte Dafna het proces om lid van de kibboets te worden. In diezelfde periode begon de Heere duidelijk tot ons te spreken om full time kunstenaar te worden.

We beseften dat kunst niet meer zou blijven dan een hobby als we in de kibboets bleven. Onze toekomstige kinderen zouden *kibboetsniks* zijn en opgroeien in het kinderhuis. Wij wilden ze echter liever zelf opvoeden, volgens ons geloof. Dafna en ik wisten dat de tijd was aangebroken om ons beschermde leventje, waar we zo van hielden, achter ons te laten en een sprong in het onbekende diepe, buiten de kibboets, te nemen. Het was heel erg moeilijk om onze vrienden en kibboets 'familie' te verlaten. Er lagen veel praktische uitdagingen voor ons: we moesten ons eigen appartement huren, meubels kopen, een bankrekening openen en Dafna moest zelf gaan koken.

We verwisselden een landelijke omgeving voor een appartement met twee slaapkamers in Kfar Yona vlakbij Netanya. Ruth en Yatzuk, Israëlische vrienden, woonden ook in dat dorp.

Terwijl Dafna in het ziekenhuis in Kfar Saba bleef werken, werkte ik als tuinman voor families van de Amerikaanse ambassade in Kfar Shmariyahu. Elke dag reed ik op mijn fiets met tien versnellingen naar mijn werk. Die rit van 70 kilometer was de moeite waard want ze betaalden me contant, in dollars. Tijdens deze tijd van hyperinflatie was een dollar 1000 lira waard. Op Sjabbat gingen we naar een huisgemeente in Netanya.

Hoewel een van onze slaapkamers tot studio was omgebouwd, gebruikte ik die niet veel omdat ik fulltime als tuinman werkte. Alleen na het werk was er tijd voor artistieke creativiteit. Ik wist dat ik meer training nodig had in beeldhouwen, zoals de basiskennis hoe ik beitels moest slijpen en welke beitels ik moest gebruiken.

"Denk jij dat ik een kunstopleiding moet volgen?" vroeg ik mijn vriend Benjamin.

"Er gebeuren soms vreemde dingen op kunstacademies," waarschuwde Benjamin, "maar als je erover denkt, onderzoek het dan zorgvuldig en vraag de Heer om leiding voordat je beslist. Neem niet vanzelfsprekend aan dat je een kunstopleiding moet volgen."

HOOFDSTUK 22

Op bezoek bij de Canadese grootouders

Daniel werd in 1985 geboren en natuurlijk wilden mijn ouders hun kleinzoon zien. Ze ontdekten dat het goedkoper was om ons over te laten komen en zes maanden in Canada te blijven dan voor hen om naar Israël te vliegen en in een hotel te logeren. Met onze twee maanden oude baby maakten we een tussenstop in Italië om het werk van Michelangelo te bestuderen. Ik had zijn levensverhaal gelezen en de film gezien, maar nu zagen we met eigen ogen zijn belangrijkste werken in Florence en Rome.

Terwijl we bij mijn ouders in Toronto logeerden won ik informatie in bij de plaatselijke kunstopleiding waar mijn tante ook studeerde.
Ik sprak met verschillende mensen en ontmoette een paar leraren, vertelde hen dat ik wilde beeldhouwen en alleen maar technische informatie nodig had. "Als je een kunstdiploma wilt halen moet je leren schilderen," vertelden zij me. Schilderen op zijde en allerlei andere zaken die ik niet wilde of nodig had. Ik mocht een les bijwonen en zag wat ze de studenten leerden. De sfeer proevend herinnerde ik me Benjamins woorden en wist ik dat hij gelijk had: er was daar een heleboel 'vreemds' gaande. Daarbij kwam ook nog het financiële aspect van deze opleiding. Ik was getrouwd, had een kind, en als ik na vier jaar mijn kunstdiploma zou hebben, dan hadden we ook een schuld van rond de € 23.000, tenminste, als ik daarnaast nog zou werken.
Als je schulden maakt, zal je nooit naar Israël terugkeren! bleef de Heer waarschuwen. Voor mij was het antwoord was overduidelijk: geen kunstopleiding.

Om tijdens ons verblijf in Canada in ons eigen levensonderhoud te voorzien werkte ik als bus-, vrachtwagen- en taxichauffeur (nu als een verloste taxichauffeur). We hadden voldoende geld om zes maanden te kunnen blijven. 'Wheeltrans', een Toronto taxidienst voor gehandicapten en bejaarden, was een prima baan die veel voordelen bood, inclusief een ziektekostenverzekering. Mijn familie veronderstelde dat ik zo'n goede baan nooit zou opgeven, een huis zou kopen en in Toronto zou blijven wonen. Dafna en ik wisten dat ons verblijf in Canada tijdelijk zou zijn en dat we uiteindelijk terug zouden gaan naar Israël. In Toronto begonnen wij beeldhouwexposities te bezoeken, in het bijzonder de houtkunst tentoonstellingen. De adembenemende kunstwerken van Joe Dampf vonden we bijzonder mooi. Hij bleek in Toronto te wonen dub besloot ik hem te bellen.

"Hallo, u kent me niet," begon ik, "maar ik heb uw werk gezien en ik vind het heel erg mooi. Ik ben een beginneling in het beeldhouwen en weet eigenlijk nog niets. Is het mogelijk om elkaar een keer te ontmoeten en onder het genot van een kopje koffie een beetje over uw werk te praten?"

"Kom je uit Toronto?" wilde Joe weten.

"Nee, ik kom uit Israël."

Joe toonde veel interesse en wilde meer weten over Israël en de kibboets. "Ik wil je zeker ontmoeten!" zei hij.

Na onze koffie-afspraak nam Joe me mee naar zijn huis en liet me het hele proces zien - van idee tot eindproduct.

"Ik geef les op een avondschool," zei Joe. "Bij deze ben je uitgenodigd om naar de klas te komen; daarnaast kunnen we elkaar altijd tussendoor ontmoeten als ik tijd heb."

Het klikte tussen Joe en mij en ik kon hem vragen wat ik maar wilde, of het nu via de telefoon, tijdens een kop koffie of in de klas was.

Niet alleen stelde ik hem een heleboel vragen, ik had ook praktijkervaring nodig, een soort stage. Toen Joe me leerde om met klei te werken, was mijn eerste oefening een afbeelding van mijn vader dat ik boetseerde en toen bakte. In het begin hield ik niet van het vieze materiaal en het gevoel van klei, omdat ik gewend was met hardhout te werken.

Tijdens onze tien maanden in Toronto ontmoetten Joe en ik elkaar regelmatig. Hij leerde me hoe je een vorm moest maken en in gips gieten en hetzelfde puntsysteem toe te passen dat Michelangelo gebruikte om de vorm van het model over te brengen naar de steen. Vanwege mijn beperkte kennis over deze manier van werken, wist ik niet hoe deze techniek toegepast moest worden, totdat Joe het me liet zien. Inmiddels wist ik dat ik een hoop had geleerd en dat de tijd was aangebroken om zelf mijn vleugels uit te slaan. Maar hoe? En waar?

HOOFDSTUK 23

Van Ontario naar Colorado

Mijn ouders hadden een vakantiehuisje aan een meer in noord Ontario dus vroeg ik mijn vader of wij daar een poosje mochten blijven.

De tijd was aangebroken om uit te vinden of het leven als fulltime kunstenaar iets voor mij was of niet. Tot dat moment had ik, naast mijn baan, af en toe gebeeldhouwd maar nog nooit dagenlang achter elkaar kunnen werken. *Stel dat ik geen ideeën meer heb?* vroeg ik me af. *Zal het niet saai worden? Zullen we zonder geld komen te zitten?* Dit zou duidelijk maken of mijn leven als kunstenaar echt van de Heer was of uit mezelf kwam.

Aan het begin van de lente verhuisden we naar het zomerhuisje waar we het boothuis tot studio ombouwden. Het ijs begon al te smelten en we besloten tot het einde van de herfst te blijven, vlak voordat de winter zou invallen.

Vanaf het moment dat ik in mijn studio aan het meer begon te werken, kwamen de ideeën in een onafgebroken stroom naar boven.

Al snel ontwikkelde ik een vast werkritme. Ik was echter geen alleenstaande met een zee aan vrije tijd, maar een echtgenoot en vader van een zoontje.

Omdat de afstand tussen het huisje en de studio te ver was om te roepen blies Dafna op een elandenhoorntje om de lunchtijd aan te kondigen. Intensief bezig zijn met een kunstproject en dan opeens het geluid horen dat het lunchtijd was, gaf me altijd een gevoel van verwondering. Als ik naar boven liep en mijn geliefde vrouw en zoontje zag, stapte ik een andere wereld binnen – een wereld van orde. Het was zo'n verschil met de studio die ik net had verlaten; daar was het een chaos van houtsnippers en niet afgemaakte kunststukken.

De overstap van mijn creatieve wereld naar het geordende huis hielp me om geestelijk gezond te blijven - iets wat ontzettend belangrijk is voor een kunstenaar. Huiselijke regelmaat is brandstof voor de creativiteit; de band met het gewone leven creëert een noodzakelijk evenwicht.

In de loop der jaren heb ik heel wat kunstenaars ontmoet die ingestort en opgebrand waren omdat die balans ontbrak. Vaak waren ze (meerdere keren) gescheiden of woonden samen. De meeste (ongelovige) kunstenaars hebben onstabiele relaties en kunnen niet omgaan met de 'normale' wereld. Niet in staat om verlichting te vinden in hun chaotische wereld, gebruiken ze drugs of alcohol om te ontsnappen aan de enorme wanorde in hun leven.

Hoe gezegend was ik met Dafna, een drukke jonge moeder met wie ik tijdens de lunch interessante gesprekken kon hebben, waarna ik terugkeerde naar de studio. Daniel vond het heerlijk op de veranda te staan en te schreeuwen zo hard hij kon. Hij was niemand tot last want we woonden daar helemaal alleen.

De zes maanden gingen snel voorbij en de zes voltooide kunstwerken bewezen dat ik fulltime kunstenaar kon zijn. Het was een geweldig gevoel. Maar wat nu? Waar moesten we tijdens de winter wonen?

"Dafna? Hoe zit het met die hut van je oom in Colorado?"
"Volgens mij probeert hij die te verkopen," zei Dafna.

Door de telefoon vertelde oom Max dat hij nog steeds twee blokhutten in de verkoop had. Terwijl ik de verkoopvoorwaarden probeerde te regelen, worstelde Dafna met het idee om daarheen te verhuizen. Ze wist dat het moeilijk zou zijn om in dat gebied te wonen. Vijf dagen lang bad ze erover en dacht na over deze verhuizing en zei toen tegen de Heer: "Als dit Uw wil is, dan zal ik het doen."

Het bleek Zijn wil te zijn, dus was de tijd aangebroken om te pakken en naar Colorado te verhuizen!

Terwijl ik weer ging werken om geld te verdienen voor de verhuizing naar Colorado logeerden Dafna en Daniel zolang bij het gezin van haar broer in Colorado Springs, tot ik met de aanhangwagen met onze bezittingen arriveerde. Het schoonmaken en renoveren bleek een grote klus, want de grote hut was een paar jaar niet bewoond geweest.

Een sloopbedrijf voorzag ons van goedkoop materiaal om de bovenverdieping op te knappen, die ons woongedeelte zou worden.

De benedenverdieping werd ingericht als werkplaats.

Een zandweggetje liep naar het stadje met winkels en een bibliotheek. Gelukkig maakten we daar ook wat vrienden.
In Colorado liepen we tegen een bronsgieterij aan. Zoals gewoonlijk begon ik allerlei vragen te stellen maar hun reactie verbaasde me: " Wie ben je?" vroegen ze wantrouwend. "We kennen je niet."
Ik kwam er al spoedig achter dat gieterijmannen tijd noch geduld hebben om met beginnende kunstenaars om te gaan.

Werken met brons was een grote wens van mij, maar ik had iemand nodig die mijn vragen niet zat werd en die bereid was om me te laten zien hoe je met dit specifieke materiaal moest werken. Ik bleef bidden dat de Heer me op een dag naar de juiste persoon zou leiden.

In de Colorado Mountains

HOOFDSTUK 24

Leren vertrouwen en gehoorzamen

Colorado en Toronto waren goede leerprocessen geweest, maar de tijd was aangebroken om naar Israël terug te keren. Daniel was nu bijna vier jaar oud. We huurden een mooi appartement met ruimte voor ons gezin en een studio. De Heer begon tot ons te spreken dat de volgende periode 'erop of eronder' zou worden: *Dafna moet niet meer in de verpleging gaan werken*, sprak Hij, *en jij mag aan niemand je noden bekend maken*! Dat zouden de voorwaarden zijn.

Ons aandeel aan deze 'overeenkomst' was om zo sober mogelijk te leven, zonder te verhongeren. Omdat we geen auto hadden, reed ik overal heen op mijn 10-versnellingen fiets.

Het proces om uit geloof te leren leven ging stapsgewijs. De meeste mensen geloven niet dat je fulltime kunstenaar kunt zijn en daar ook van leven – dit zou dus zeker een uitdaging zijn.

Iedere keer als ons banksaldo bijna nul was, dan verkochten we een kunstwerk of kregen we geld voor een opdracht. Omdat we wisten wat er gemiddeld per maand nodig was om van te leven, konden we berekenen hoeveel extra maanden een grote opdracht ons zou geven plus wat financiële armslag.

Op een dag dat we bijna rood stonden kwam Julie, een vriendin uit Colorado, op bezoek. Ze had een beeldhouwwerk gekocht en was ons nog zo'n € 270 schuldig. Omdat we wisten dat bepaalde rekeningen in aantocht waren, vroegen Dafna en ik ons nerveus af hoe we die moesten betalen. "Wel, de Heer wacht weer tot het laatste moment," zeiden we tegen elkaar, "maar Julie komt eraan, en zij is ons dat geld schuldig!"

Van dat bedrag konden we in die tijd niet alleen alle rekeningen betalen maar het zou ons ook een paar weken respijt geven.

Met het busje van onze kerk haalde ik Julie op van het centrale busstation in Netanya. Ze verraste ons met een tas vol spulletjes, zoals tandpasta en typisch Amerikaanse traktaties.

We lunchten samen en genoten van elkaars gezelschap, maar de hele tijd vroeg ik me af: *Heer, moet ik haar herinneren aan de € 270? Moet ik dat ter sprake brengen?* En iedere keer voelde ik heel sterk: *Zeg er geen woord over*! Dat was heel moeilijk voor me. *Heer, pleitte ik, ik vraag Julie niet om geld maar Julie is ons dat 'grote' bedrag schuldig dat we op dit moment zo ontzettend hard nodig hebben!*

Alhoewel ik mijn best deed om van het bezoek te genieten, keerden mijn gedachten steeds weer terug naar de vraag: *Gaat ze ons dat geld nou geven of niet?*

Toen het tijd was om Julie terug te brengen naar het centrale busstation, had ik het niet meer. *God nu is het genoeg!* kreunde ik inwendig. *Ik heb niets tegen Julie gezegd. Snel! Ze vertrekt zo!*

Het was tijd om afscheid te nemen. Terwijl ik in het busje achterbleef liep Dafna met haar mee naar de halte van vertrek. Inmiddels had ik in zekere zin het feit geaccepteerd dat ze ons het geld niet had gegeven. Aan de andere kant hoopte ik dat zij de € 270 (en misschien nog iets extra's) in Dafna's hand zou stoppen en dan zou alles voorbij zijn.

Toen Dafna weer instapte deed ik mijn uiterste best om beheerst te klinken. "En? Heeft ze je het geld gegeven?"

"Nee. Niets!" zei Dafna. "Ze heeft het er zelfs niet over gehad!"

"Wow! Wat is hier aan de hand, Heer?" riep ik uit.

Terwijl we elkaar aankeken dachten we beiden: *Oké, Heer. Dit is echt heel moeilijk!* Dus baden we en probeerden niet onthutst te zijn, maar dat lukte niet erg.

Thuis praatten we over de financiële uitdaging en probeerden wij elkaar te bemoedigen. Tegen de tijd dat we naar bed gingen hadden we geen idee hoe deze moeilijke situatie opgelost zou worden.

De volgende dag zat er een brief in de bus van een kerk in Noord-Carolina waar Art Carlson, een vriend van ons, voorganger was.

Wij hadden hem in geen half jaar gezien en ook geen contact met hem gehad. Toen we de envelop van Grace Church openden zat er een persoonlijke cheque in van € 270. Er zat geen briefje bij, alleen maar de cheque voor precies het bedrag dat Julie ons schuldig was.

"Waarom heb je ons dat geld gestuurd?" vroeg ik Art in een brief.

Een paar weken later kwam het antwoord: "De Heer zei tegen mij dat ik jullie dit bedrag moest sturen."

Deze wonderbaarlijke manier waarop de Heer in onze behoeften voorzag werd onze 'eerste steen'. Door deze les met Julie begrepen we dat de Heer wilde dat wij ons zouden vasthouden aan de principes die Hij ons had laten zien. Het feit dat we ons niet bezorgd hoefden te maken over waar het geld vandaan zou komen, gaf ons de vrijheid om beslissingen te nemen die gebaseerd waren op vertrouwen en niet op financiën. Dit principe zou me later de mogelijkheid geven om een jaar lang onbetaald stage te lopen in een gieterij omdat we wisten dat de Heer zou voorzien in alles wat we nodig hadden. Tijdens dat jaar leerde ik het bronsgietingsproces van het begin tot het eind. En de Heer voorzag.

Terwijl wij leerden in gehoorzaamheid te wandelen op financieel gebied, merkten we dat dit soms spanning gaf bij medegelovigen. Sommigen hielden er niet van dat God ons gezegd had dat we onze noden niet bekend moesten maken.

"Dat is een arrogante houding," zei iemand tegen mij. "Je moet je noden bekend maken, zodat mensen geven. Je bent niet nederig genoeg, dat is het."

"Als de Heer tegen jou zegt dat je brieven moet sturen om support te krijgen, prima," zei ik vaak tegen die mensen. "Maar veroordeel niet degenen die geleid worden anders te handelen."

Toen ik nog maar pas tot geloof was gekomen las ik boeken over het leven van Hudson Taylor en George Muller. Het boek over Reese Howels heb ik meer dan twintig keer gelezen. Die prachtige boeken leerden me hoe deze grote Godsmannen vertrouwden dat Hij zou voorzien in de behoeften van hun door God gegeven bedieningen.
Ook van mijn vrienden Benjamin en Art Carlson leerde ik het belang van een juiste verhouding tot financiën in het Koninkrijk van God.

HOOFDSTUK 25

De gieterijstage

Weer terug in Israël praatten we bij met onze vriend Yatzuk uit Kfar Yona. Toen ik hem over mijn teleurstellende ontmoeting met de bronsgieterij in Colorado vertelde, zei hij: "Mijn beste vriend heeft een gieterij in zijn achtertuin."

"Jij hebt me nooit verteld dat je zo'n vriend had" riep ik uit. "Oh! Wat zou ik hem graag willen ontmoeten!"
Het klikte meteen tussen Dani Jakobi en mij.

"Kun je me alles laten zien wat ik over brons moet weten?" vroeg ik hem. "Wil jij me dat leren?"

Toen Dani hulp nodig had in de gieterij maar het zich niet kon veroorloven een salaris te betalen, bood ik aan hem een jaar lang gratis te helpen. Tijdens de bijna anderhalf jaar dat ik met Dani werkte, leerde ik mallen en wasafdrukken te maken en brons te gieten. Omdat ik daar zonder salaris werkte mocht ik van Dani mijn eerste bronzen stukken gratis gieten. Door kleinere stukken te maken leerde ik zowel het brons proces als de creatieve kant. Maar het belangrijkste van alles was dat de Heer in deze periode Zijn financiële les versterkte.
Vanuit creatief oogpunt was een van de belangrijkste dingen die ik leerde, dat ik me niet druk hoefde te maken of een stuk al dan niet verkocht zou worden of dat er een markt voor zou zijn. Het enige wat ik moest doen was datgene maken wat de Heer mij liet zien en de rest aan Hem overlaten.

Yohai, onze tweede zoon, werd in 1990 geboren. Daniel had nu de kleuterschoolleeftijd bereikt, maar we wilden hem niet naar de openbare kleuterschool in Netanya sturen. Toen we hoorden dat er in de buurt van Tiberias een goede school was, vroegen we aan Dafna's ouders, die toen in Amerika zaten, of we hun Afula appartement konden huren. Zij vonden het prima en we hoefden maar een minimaal huurbedrag te betalen voor de flat in Givat haMoreh.

In de kleine auto die we toen hadden bracht ik Daniel iedere morgen naar de schoolbus, reed terug naar huis, werkte aan een project en stond om 13.00 uur weer bij de kruising om hem op te halen. Geen ideale oplossing maar het beste wat we in die tijd konden doen.

HOOFDSTUK 26

Terug naar de bergen van Colorado

Voordat we de Colorado verlieten hadden we met oom Max een zakelijke overeenkomst gesloten wat betreft de houten huisjes. Hij was ons een bepaald bedrag schuldig voor de herstelwerkzaamheden maar had geen geld om dat te betalen. In plaats daarvan kregen wij een van de huisjes en hield hij de opgeknapte woning. Toen we naar Israël vertrokken bezaten we niet veel geld maar wel een houten huis.

Net voor het uitbreken van de Golfoorlog in 1990, belde oom Max ons op met de mededeling dat hij zijn houten huis ging verkopen en dat we een partnerschapovereenkomst moesten sluiten met de nieuwe eigenaars. Twee weken later vlogen we naar Toronto om familie en vrienden te bezoeken en van daar naar Colorado om die overeenkomst af te sluiten.

Er moest heel wat gedaan worden aan ons huis, dus bleven we om het op te knappen, in de hoop dat het echtpaar dat de hut van oom Max had gekocht ook die van ons zou willen kopen. Uiteindelijk gebeurde dat ook, maar opnieuw woonden we bijna drie jaar in Colorado.

In elke periode van ons leven leerden we verschillende aspecten van het werk. De basisbeginselen voor het beeldhouwen en houtsnijden begonnen in de kibboets. In Toronto leerde Joe Dampf mij in klei te boetseren en het daarna om te zetten in een houtsnijwerk.

Het vakantiehuis in noord-Canada bracht ons een stabiel levensstijl patroon. In de eerste Colorado periode leerde ik anatomie en beeldhouwen in steen en ontstond mijn interesse in brons. Terug in Israël leerde ik van Dani het brons proces. Tijdens de tweede Colorado periode leerden wij het werk te presenteren.

Nu begonnen we aan een nieuw avontuur. We zetten het gezin met de kunstwerken in een oude Dodge bus en begonnen kerken te bezoeken die ons hadden uitgenodigd.

98

Meestal gebeurde dat omdat we kunstenaars waren of omdat we uit Israël kwamen of vanwege de combinatie van Israël en kunst.

Hierdoor leerden we hoe de kunstwerken tentoongesteld en verkocht konden worden. Na verloop van tijd ontwierpen we staanders en een goede manier om alles in het busje te pakken. Vaak moesten we dagen reizen om op de plaats van bestemming te komen dus bouwde ik het busje om tot een mini-camper: de houten vloer achterin werd ons bed en achter de stoel van de chauffeur stonden twee banken tegenover elkaar met daartussen een tafel. Als we om 19.00 uur met eten klaar waren ging de tafel naar beneden; daarop werden matrassen gelegd zodat de jongens konden gaan slapen. Dafna en ik reden door totdat het voor ons tijd werd om te stoppen en in ons 'bed' achterin te kruipen. In deze tijd leerden we ook hoe we met mensen moesten omgaan, een kunst op zich; vooral leerden wij hoe we moesten reageren als iemand belangstelling voor een kunstwerk toonde.

Steeds vaker maakten we gebruik van korte beschrijvingen met uitleg over wat de Heer mij liet zien tijdens het vervaardigen van een bepaald kunstwerk. Dit werd een cruciaal onderdeel van onze presentaties. In die tijd maakte ik mallen volgens de werkwijze die ik van Dani had geleerd. Mijn eerste reproducties werden verkocht op kunsttentoonstellingen. Vanuit Colorado maakten we met ons busje heel wat reizen naar Vancouver in Canada en naar Noord-Carolina. In Grace Church ontstonden bijzondere contacten, ook met de voorganger, Art Carlson.

Hoewel een klein bronzen beeldje € 1800 zou kunnen opbrengen, wisten we dat de meeste mensen die naar onze shows kwamen, deze prijzen nooit konden betalen. Een bedrag van € 180 zouden ze zich misschien wel kunnen veroorloven. Na heel wat experimenteren ontwikkelden we een methode waarbij we dezelfde brons mal gebruikten om een betaalbaar kunstwerk van hoge kwaliteit in gegoten steen te maken.

In de berghut in Colorado leefden we van datgene wat we hadden. Ondanks dat de Heer onze bankrekening vaak rond het 'nulpunt' hield, was er altijd genoeg geld voor wat we nodig hadden.

Replica van het levensgrote beeldhouwwerk Voorbede bij de Southern Wesleyan University Central, Zuid-Carolina, USA. Jezus in het midden; de mannelijke student aan de rechterkant stelt theoretische educatie voor; de vrouwelijke student stelt praktijkervaring voor. Als we niet leren van Jezus afhankelijk te zijn en Zijn voorbede voor ieder van ons te aanvaarden, is elke vorm van educatie menselijke ijdelheid.

Gelukkig had ik geen probleem om mijn kunstwerken te verkopen. Geleidelijk aan begonnen we een bepaald patroon te zien: ik verkocht een kunststuk, ontving meer geld dan we nodig hadden, en dan kwamen er onverwachte onkosten waar we dat extra geld voor konden gebruiken. Ook al verkochten we nu werk, wilde de Heer ons nog steeds laten zien dat Hij voorzag. Als we bijna rood stonden, namen onze gebeden naar God toe.

Op een dag besloten we Dafna's oudere broer in Colorado Springs te bezoeken, zo'n twee uur rijden bij ons vandaan. We hadden voldoende benzine om daar te komen, maar geen geld voor de terugreis. Dit was ons 'benzine principe' geworden in ons leven op de weg.
Als we wisten dat de Heer wilde dat we met de kunstwerken ergens naar toe reden en we voldoende benzine hadden om daar te komen, dan vertrouwden wij dat de Heer zou voorzien voor de terugreis.

Dus gingen we een beetje gestrest op weg naar Colorado Springs, ons zenuwachtig afvragend waar het geld vandaan zou komen. Ondanks het feit dat de Heer zo vaak had voorzien, zelfs op het laatste moment, bleven we toch zenuwachtig. Onze postbus lag ruim drie kilometer van ons huis aan de provinciale weg. We stopten om te zien of we ook post hadden. Tot onze verbazing lag er een brief in met een cheque van € 1400 van iemand uit New Orleans! Wie die voor ons onbekende mevrouw was lazen we de begeleidende brief:
"Een paar weken geleden was ik in een vrouwenbijeenkomst van mijn kerk. Ik ontmoette daar een vrouw die ruim een jaar geleden in Israël was geweest en een paar foto's had gemaakt van uw beeldhouwwerken. De foto's die zij me liet zien maakten zo'n indruk op mij dat ik er twee moest kopen. Accepteer deze cheque alstublieft als aanbetaling."
Dafna en ik waren sprakeloos. Een paar minuten geleden waren we nog op zoek geweest naar kleingeld voor benzine maar hadden besloten de Heer te vertrouwen. En nu hielden we een cheque van € 1400 in handen. Deze mevrouw had behoorlijk wat detectivewerk moeten verrichten om ons Coloradoadres te achterhalen. En deze door een totaal onbekende vrouw verstuurde cheque vond zijn weg naar ons achterafadres precies op het moment dat we die nodig hadden.

Toen het echtpaar dat de blokhut van oom Max had gekocht, belangstelling toonde voor ons huis wisten we dat ons verblijf in Colorado ten einde was. Het was tijd om naar Israël terug te keren, maar waar zouden we gaan wonen? Deze beslissing werd een keerpunt dat de rest van ons leven in grote mate zou beïnvloeden.

In de tijd dat wij in Colorado woonden waren Dafna's ouders verhuisd naar een nederzetting in noord Samaria. Over de nederzettingen in Israël waren de meningen altijd sterk verdeeld. De nederzetting beweging leek extreme mensen aan te trekken, zoals Joe en Sarah, Dafna's ouders.

"Gevaarlijk!" zeiden Dafna en ik toen we over hun wilde pioniersplannen hoorden maar dachten er niet verder over na.

Wij moesten ons nu concentreren op het inpakken van onze huisraad. *Als we in Israël komen zal de Heer ons wel laten zien waar we moeten gaan wonen,* redeneerden wij.

Dafna's ouders haalden ons op van het vliegveld Ben Goerion en namen ons mee naar hun huis in Cadim.

"Waarom huur je niet iets in Cadim?" stelden Dafna's ouders voor. "De huren zijn hier laag en op die manier hebben jullie tijd om naar een meer permanente woonplek uit te kijken."

Ik dacht er over om in Jeruzalem of Tiberias te gaan wonen en dit voorstel zou ons wat tijd geven om rustig te gaan zoeken. We besloten dat Cadim wellicht een goede plaats zou zijn om voor een korte tijd te blijven.

HOOFDSTUK 27

Voorbede in Samaria

Cadim lag zo'n 500 meter van Jenin, een Palestijnse stad in noord Samaria met 50.000 inwoners. Sommigen noemden deze streek de 'bezette gebieden', anderen de 'Westbank'; dit Bijbelse hartland was, en is, een omstreden deel van Israël. Cadim had rond de 120 inwoners en lag op een hoge heuvel ten zuiden van de Jizreël vallei. Het idee van de regering achter de nederzettingen was om een permanente Joodse aanwezigheid te realiseren wanneer de dorpjes uiteindelijk zouden uitgroeien tot grote steden.

Hoewel wij van mening waren dat Dafna's ouders dwaas waren om daarheen te verhuizen, vonden mijn schoonouders deze stap niet abnormaal en werden zij door de nederzetting volkomen geaccepteerd.

Voordat we naar Israël terugkeerden vroeg ik aan de Heer of de eerste plaats waar we terechtkwamen ook de plek zou mogen zijn waar we konden blijven wonen. Maar omdat onze kinderen hun grootouders in lange tijd niet hadden gezien, besloten we toch rechtstreeks naar Cadim te gaan. Het zou maar tijdelijk zijn en de huur was tenminste redelijk. Vanuit Cadim zouden we gaan zoeken naar een 'vaste' woonplek. Omdat we altijd in huurhuizen hadden gewoond en uit ervaring wisten dat verhuizen een hele klus was, zouden we nooit aan Cadim gedacht hebben, zeker niet als definitieve woonplaats. Daarnaast was het zo dat je een stempel kreeg opgedrukt als je in een nederzetting woonde; 'kolonisten' werden beschouwd als politiek rechtse, met pistolen zwaaiende, onverdraaglijke mensen.

Ik voelde er niet veel voor om met hen vereenzelvigd worden. Het was al tegenstrijdig genoeg om in Jezus te geloven en Hem door middel van kunst te communiceren in een land dat moeite had te begrijpen Wie Hij was. We besloten om een paar maanden in Cadim te blijven tot we de juiste woonplaats gevonden hadden.

Dus gingen we op huizenjacht en bekeken verschillende appartementen in Jeruzalem; geen een daarvan voelde goed.

Vervolgens zocht ik in andere regio's, maar nooit had ik het gevoel dat het de juiste plaats was. Intussen kregen onze jongens vriendjes in de nederzetting. Dafna's oudere broer, tijdelijk in Israël voor zijn werk, woonde daar ook met zijn gezin. Voor de jongens zou het leuk zijn om hun neven in de buurt te hebben. Omdat alles langer duurde dan verwacht, besloten we hen op school te laten inschrijven.

Ondanks het feit dat ook Dafna goed contact had met de vrouwen in Cadim en we aan de nederzetting begonnen te wennen, bleef ik me toch verzetten tegen het idee hier te blijven.

Een van de slaapkamers in het kleine huis werd mijn werkkamer. In die ruimte maakten we de gebrandschilderde ramen van Christ Church in Jeruzalem. Toen we in Kfar Yona woonden en ik als tuinman werkte, ontmoette ik een kunstenaar die mij leerde met gekleurd glas te werken. Onze toenmalige studio-slaapkamer fungeerde als glaswerkplaats. Ik bracht mijn kennis over aan Dafna en sinds die tijd maakte ik het ontwerp en sneed zij de stukken glas. Gebrandschilderd glas bleef echter altijd iets dat ik ernaast deed, ik wilde daar niet te veel tijd en energie in stoppen.

Op een dag was ik op weg naar het huis van mijn schoonouders.
Tijdens de tien minuten durende wandeling van de ene kant van de nederzetting naar de andere, passeerde ik een leegstaand huis.
Het door de nederzetting gebouwde huis zou verkocht worden aan een jong Israëlisch stel. *Jij gaat dit huis kopen*, zei de Heer tegen me toen ik voorbijliep. Die gedachte leek uit het niets te komen. Omdat ik zo sterk tegen dit idee gekant was, liet ik het langs me afglijden en liep door.

De woorden bleven echter terugkeren: *Ik wil dat je dit huis koopt!* Omdat mij dat helemaal niet zinde bleef ik het negeren, maar wist dat ik, als een volgeling van Jezus, om een bevestiging moest vragen of dit van God was of niet. Nadat ik het voorval met Dafna had gedeeld, baden we ervoor en begon ik te vasten en de Heer te zoeken over wat we moesten doen. Een huis kopen zou heel wat gevolgen hebben.

Ten eerste zou het betekenen dat we leden van Cadim zouden worden. Ten tweede zou het geen echte investering zijn vanwege het beperkt aantal potentiële kopers als we het weer wilden verkopen.
We hadden nog nooit eerder een huis gekocht en ik wist zeker dat ik niet in de nederzetting wilde wonen. Hoewel dit op zich goede redenen waren bleef de zeurende gedachte aanhouden.

Uit ervaring wist ik dat, als ik ergens heel erg op tegen was, het meestal de wil van de Heer was. Doordat de huisaankoop niet mijn eigen idee was geweest, was het dus heel goed mogelijk dat het van God kwam. "Ik zal doen wat U me zegt om te doen," beloofde ik, "maar Heer, ik moet er zeker van zijn dat het van U komt."
Dafna en ik bleven bidden en vasten en net als Gideon legden we verschillende vliezen uit. Terwijl we worstelden over de beslissing, bleef God ons laten zien wat Hij van ons verwachtte: *Koop het huis!*

Maar hoe zat het dan met dat andere echtpaar dat al in de laatste aankoopfase van dit huis was? God loste dit probleem op een bijzondere manier op: totaal onverwacht haakte het stel af en niemand hoorde ooit meer iets van hen. Het huis was weer op de markt.
Natuurlijk waren de leden van de nederzetting verrast over deze gang van zaken, maar voor ons was het opnieuw een bevestiging dat we dit huis moesten kopen.

Ondanks dit alles waren we er nog steeds niet helemaal zeker van dat het werkelijk van de Heer was, dus besloten wij de secretaris van de nederzetting te vertellen dat we in Jezus geloofden. Ook al wist deze administrateur dat we niet-Joods waren, wilde ik dat hij op de hoogte zou zijn van ons geloof. Als we zouden besluiten op de nederzetting te blijven wonen, zou niemand later kunnen zeggen dat we het niet verteld hadden. Stilletjes hoopte ik dat hij woedend zou worden als hij zou horen dat we gelovig waren; misschien zou hij ons zeggen dat we moesten vertrekken, of dat we alleen een huis konden huren maar er niet permanent mochten wonen. Dat zou ik prima vinden.
    "Je mag geloven wat je wilt," reageerde de secretaris. "We willen jullie hier hebben."
Ik was er beduusd van.

Cadim in Samaria (Shomron)

Dafna had geen bezwaar om in de nederzetting te blijven wonen, zij voelde zich er helemaal thuis. We woonden nu al meer dan een jaar in Cadim en zij wilde het de jongens niet aandoen om weer te moeten verhuizen.

"Heer, waarom wilt U dat we hier blijven?" bad ik.
Dit is voorbede, voelde ik Hem antwoorden. Het was een woord dat ik niet helemaal begreep. Een paar vrienden van ons noemden zich 'voorbidder'; een aantal lieten het zelfs op hun visitekaartjes drukken. Ik zag me niet zoals zij uren en uren voor bepaalde doelen of onderwerpen bidden. *Je gehoorzaamheid aan Mij zal een daad van voorbede zijn,* voelde ik dat de Heer tot mij zei.

Gehoorzamen, dát kon ik. Het gevolg van die gehoorzaamheid zou in de handen van de Heer liggen. In de loop van de jaren begon ik te begrijpen dat VOORBEDE een gebed is dat op het hart van de Heer ligt. Als wij op Zijn hart reageren en gehoorzamen dan komt Zijn wil op aarde tot uitdrukking. In mijn geval zou dit door middel van beeldhouwwerken zijn.

Nu kregen we met een andere uitdaging te maken, een hele grote, want wat betreft financiën had de Heer ons duidelijk gemaakt dat we geen schulden moesten maken. De afgelopen jaren waren we daarin zorgvuldig geweest en het was deel van ons leven geworden.

"Maar Heer, als we dit huis gaan kopen, moeten we een hypotheek afsluiten en dan maken we schulden," zei ik. "Hoe kan dit Uw wil zijn?"
De Heer antwoordde: *Als je in gehoorzaamheid aan Mij schulden maakt, sta je bij Mij in de schuld.*

Nu was ik echt verontrust. Met mijn hele hart wilde ik de wil van God doen; dat was mijn leven. Na er dagenlang mee geworsteld te hebben las ik de geschiedenis van Jezus in de hof van Gethsemané. In zekere zin kon ik me vereenzelvigen met het heftige gevoel dat in het Bijbelverhaal beschreven werd. Toen ik las: "Als het Uw wil is, neem deze beker van me af, maar Vader, Uw wil geschiede, niet die van mij",
begon ik te huilen en voelde het gewicht van deze woorden.

Inmiddels realiseerde ik me ook dat ik niet alleen koppig was en mijn eigen weg probeerde te gaan, maar dat ik een prijs zou moeten betalen voor mijn gehoorzaamheid.

Ben ik hier klaar voor? vroeg ik me af en wist dat van ons allemaal, ook Dafna en mijn kinderen, een hoge prijs gevraagd zou worden. Het enige dat ik kon doen was te vertrouwen en Hem volgen.

In de jaren die volgden bouwden we onze studio voor beeldhouwen en gebrandschilderd glas. We leerden iedereen in de nederzetting kennen, elk met zijn verschillende karaktereigenschappen. Gemeenschappelijk en individueel leerden we om te gaan met de gevaren die het wonen in Samaria met zich meebracht.

Onze negenjarige Daniel en vijfjarige Yohai gingen met de bus naar de regionale school. Het is een hele ervaring om je kinderen te begeleiden naar de bushalte, hen in een kogelvrije bus te zien stappen die begeleid wordt door een bewapende soldaat en gevolgd door een jeep met bewapende soldaten. Dagelijks realiseerden we ons wat het kostte om in Cadim te wonen, maar op de een of andere manier raakten we gewend aan het gevaar dat ons omringde. Door de jaren heen wende je echter nooit aan het feit dat er, onderweg naar de nederzetting, op je werd geschoten, een bom naar je werd gegooid of je werd aangevallen door de Arabische buren. De kans dat zoiets gebeurde maakte deel uit van ons leven hier.

Na die hevige strijd, toen we eindelijk bereid waren om Gods wil te doen, wisten we dat we Hem konden vertrouwen. De wetenschap dat Hij verantwoordelijk was voor wat er met ons gebeurde gaf ons een diep gevoel van vrede.

Ondanks, of dankzij het beveiligingshek en de aanwezigheid van tanks voelden we ons veilig in Cadim

Industrieterrein in Cadim waar ik mijn studio had.

HOOFDSTUK 28

De Haifa conferentie

We woonden ongeveer vijf jaar in Cadim toen ik met twee vrienden naar Haifa reisde om een tweedaagse mannenconferentie bij te wonen. De nadruk zou liggen op gebed. Onderweg hadden we de grootste lol en vertelden elkaar van alles en nog wat. Mijn twee vrienden deelden een kamer en ik had er een voor mezelf. Tijdens het avondeten ontmoetten we de andere deelnemers. Er hing een gemoedelijke sfeer. Ik kende de Amerikaanse organisatoren van deze conferentie niet maar het was fijn vrienden te ontmoeten die ik in lange tijd niet had gezien.

Toen het tijd was voor de eerste bijeenkomst, voelde het vreemd aan om een kleine kapel binnen te treden die slechts verlicht werd door een paar kaarsen. Het creëerde een geheimzinnige sfeer, die beslist een stuk ernstiger was dan de stemming waarin ik verkeerde.

"Wil iedereen plaatsnemen?" De organisator wees naar de stoelen die in een cirkel stonden. In het midden stond een tafeltje met brood en wijn en een paar kaarsen – allemaal heel eenvoudig.

"Bereid u zich alstublieft geestelijk voor op het avondmaal," zei de leider. "Als u voelt dat u er klaar voor bent, kunt u biddend het brood en de wijn nemen.

Al jarenlang was ik gelovig en had het avondmaal honderden keren gevierd op allerlei manieren en plaatsen. Dit was anders dan anders. De zaal werd stil toen de aanwezigen hun hart onderzochten voordat ze naar voren gingen. Mijn vrienden en ik hadden zoveel lol getrapt dat ik het moeilijk vond om ernstig te worden en mijn hart te onderzoeken. Op de een of andere manier slaagde ik er toch in en stond op om de wijn en het brood te nemen. Niet op een achteloze manier, maar ook niet bepaald diepgaand. Ik dankte God, gedacht Hem, nam het brood en de wijn en wilde naar mijn stoel teruglopen. *Ga op je knieën!* voelde ik dat de Heer zei. In de schemerig verlichte ruimte waren mannen zachtjes voor zichzelf aan het bidden.

Ondanks dat ik dacht dat dit wel wat extreem was, gehoorzaamde ik, hopend dat deze daad niet te veel aandacht op mij zou vestigen. Zodra ik op mijn knieën lag zei de stem van de Heer: *Ga met je gezicht plat op de grond liggen!* Dat wilde ik niet en ik vocht tegen die gedachte maar besloot dat ik beter kon gehoorzamen in de hoop dat het niet te lang zou duren. Ik was mij bewust van de ernst van de situatie en op het moment dat ik op de vloer lag begon ik te huilen. Eerst zachtjes, toen heftiger en het leek wel alsof ik door een zwaar gewicht tegen de grond gedrukt werd. Niet in staat om op te staan bleef ik maar snikken. *Wat gebeurt er Heer?* schreeuwde ik vanbinnen.

Tegen die tijd was ik het stadium van gegeneerdheid al ver voorbij en realiseerde ik me dat het God zelf was die me tegen de grond hield. *Wat is er, God? Wat wilt U?* bad ik. Toen voelde ik ineens dat Hij zei: *Zou je bereid zijn Daniel's leven te geven voor de redding van Yakov?*

De administrateur van de nederzetting was een moeilijke man om mee om te gaan. Ik worstelde ermee. *Nee! Dat kan ik niet. Mijn zoon voor Yakov? Dat wil ik niet. God, dat kunt U niet maken! Dat kunt U niet van mij vragen. Heb ik nog niet genoeg gegeven?*

Het was zo moeilijk. Het aller moeilijkste wat ooit van mij gevraagd werd. En hoewel ik het probeerde was ik niet in staat om van de vloer op te staan. Ik voelde me gebroken, dodelijk vermoeid, uitgeput.

Ik bleef maar huilen en worstelen met Gods verzoek. Uiteindelijk gaf ik het op. *God, ik kan het niet, maar ik wil U gehoorzaam zijn, ALS U mij er doorheen sleept.*

Het moment dat ik die woorden bad, werd het gewicht van me afgenomen. Ondanks het gevoel van uitputting, voelde ik me vredig, en vroeg mezelf af wat ik had gedaan. *Wat zal dit betekenen?* Ik begon weer te huilen.

Zonder naar mijn vrienden te kijken kwam ik moeizaam overeind en ging naar mijn kamer. Daar ging de emotionele, innerlijke strijd verder totdat ik uitgeput in slaap viel.

Wat er gebeurd was begreep ik niet, alleen dat ik een ontmoeting had gehad met de Heer. De onvergetelijke ervaring in de kapel was zowel angstaanjagend als intrigerend. Ik vertrouwde erop dat God het me duidelijk zou maken als het zover was.

In Cadim ging het leven zijn gangetje.

Het beeldhouwen scheen ons gebed, onze voorbede te zijn. Over het algemeen had ons leven een bepaald ritme. De laatste tijd echter was er sprake van een mogelijke herverdeling van het land. Israëlische vredesconcessies aan de Palestijnen zouden betekenen dat we Cadim moesten verlaten.

We woonden zeven jaar in de nederzetting toen ik op een dag zoals gewoonlijk naar mijn studio liep. Het was een prachtige morgen.

Ik liep de heuvel af naar het industriegebied, nadenkend over wat er die dag gedaan moest worden en onderwijl genietend van het mooie uitzicht over de Jizreël vallei. Opeens onderbrak de Heer mijn gedachten: *De voorbede is compleet. Het is afgelopen!* Dat kwam zo uit het niets, zo plotseling, dat ik helemaal van slag af was.

Wat betekent dit? vroeg ik me af. Om te beginnen was ik er niet zeker van geweest wat die voorbede inhield, dus wat zou het einde ervan betekenen? *Heer, het begon allemaal met de aankoop van het huis en het lidmaatschap van de nederzetting. Bedoelt U dat we nu weg moeten gaan?*

Er kwam geen antwoord, alleen maar stilte.

Die dag had ik het zo druk dat ik geen tijd had om over deze ontmoeting na te denken.

De dag daarop leek weer normaal te beginnen. Toen ik naar de studio liep kwamen er allerlei gedachten in mij op en opeens: *Nu kun je bidden voor de redding van Israël!*

Ik stopte en dacht, *waar kwam dat vandaan?* "Nu kun je bidden voor de redding van Israël"? *Wat betekent dat?* Weer raakte ik overstuur. *Dat is een grote onderneming!* Maar toen vroeg ik aan de Heer, *Heb ik dat dan niet al deze jaren gedaan? Dit is het hoofddoel van mijn gebeden geweest, Heer. Ik had gehoopt dat alles wat U deed op de een of andere manier daaraan zou meewerken.*

En weer was er stilte; God gaf geen opheldering wat betreft deze uitdaging. Het enige dat ik kon doen was vertrouwen dat Hij op een dag zou laten zien wat het betekende.

Door de jaren heen had ik een aantal boeken over voorbede gelezen, maar het boek *Rees Howells: Voorbidder* had de meeste indruk gemaakt. Hierin stonden voorbede 'handelingen' die een onmiskenbaar begin en einde hadden, die voltooid waren.

De voorbeelden begonnen met een daad van gehoorzaamheid, een vaak moeizaam antwoord. Iets moest sterven in het karakter van de betrokken persoon, iets wat hij was of verlangde en soms moesten persoonlijke plannen opgeofferd worden om te gehoorzamen aan Gods oproep tot voorbede.

In onze levens waren Dafna en ik een patroon gaan zien dat te maken had met het werken in de kunst, in het bijzonder het beeldhouwen. Vaak leek het of de Heer onverwachts een 'plotseling' creëerde, dat ons opriep Zijn hart te zoeken. Meestal leidde dat tot het maken van een beeldhouwwerk dat op een bepaalde manier dat specifieke woord of gesprek weergaf. Het creatieve proces was onze voorbede; het voltooide kunstwerk was een profetisch woord, in die zin dat we hoopten dat de sculptuur het hart van God en Zijn woord zou communiceren.

Met dit in mijn achterhoofd wist ik dat de Heer duidelijk zou maken wat Hij bedoelde en ging verder met mijn dagelijkse werk.

Het leek alsof er niets meer gebeurde.

HOOFDSTUK 29

"Restitutie"

Onze vriend Graham Cooke nodigde mij in 2001 uit voor een conferentie in Southampton, waar hij zou spreken. Graham had een flink aantal kleine sculpturen van ons gekocht en mij vaak uitgenodigd voor conferenties in zijn Engelse thuisgemeente. Deze keer had ik echter zoveel werk dat ik geen tijd had om er heen te gaan. Nadat ik er terloops voor gebeden had, zei de Heer op een morgen: *GA!* Ik verzette mij ertegen, maar hoe meer ik weigerde, des te meer geestelijke druk ik ervoer. Uiteindelijk gaf ik het op en begon voorbereidingen te treffen voor de reis naar Southampton, Engeland.

'Restitutie', wat een vreemd thema voor een conferentie, dacht ik. *En dan de timing, net nu we in Israël Poerim vieren.* Ik wist dat Graham deze conferentie niet bewust verbonden had met het Bijbelse feest van Esther en de redding van de Joden maar bijzonder vond ik het wel. De eerste conferentie dag was ik verrast en ontroerd om te zien dat Graham alle kunstwerken had uitgestald die hij in de loop van de jaren van ons had gekocht. "Ik hoop dat je hierdoor nog wat opdrachten krijgt," zei hij.

Die donderdagavond lag de nadruk op aanbidding. Omdat ik de *praiseband* vrij goed kende keek ik uit naar de avond. De aanbiddingsmuziek leek mij te omhullen en verraste mij door de intensiteit en diepgang. De violiste had ik nog niet eerder in de band gezien en ik vroeg me af wie de viool zou horen te midden van die harde muziek. Dit korte afleidingsmoment verdween met de muziek. Ik deed mijn ogen dicht, liet mezelf meedrijven op de aanbidding en genoot van het gevoel dichtbij de Heer te zijn, deze vrede te beleven, deze plaats van stilte binnen in me. Opeens stopte de muziek. Graham pakte de microfoon en zei: "Dit is het jaar van 'restitutie', dit is het jaar van ongekende genade en gunst, dit is het jaar waarin de Heer alles gaat terugbetalen wat vernietigd is; alles wat de vijand je heeft afgenomen, alles wat de sprinkhanen gestolen hebben zal terug gegeven worden."

Met autoriteit sprak hij deze sterke woorden tot de drie- à vierhonderd mensen die daar die avond aanwezig waren. *Er zitten hier waarschijnlijk mensen die misbruikt zijn,* dacht ik, *en de Heer gaat deze wonden genezen. Mooie woorden, maar niet voor mij.*
De band speelde weer verder dus leunde ik achterover om van de muziek te genieten maar op de een of andere manier was de sfeer veranderd.

De tweede conferentie dag nodigde Graham me uit een paar woorden te zeggen. Ik denk dat hij de mensen wilde laten weten dat ik de maker van die sculpturen was, voor het geval iemand een opdracht wilde plaatsen. De avondsamenkomst begon weer met een uitbarsting van muziek en opnieuw voelde ik me wegdrijven naar een plek met de Heer; Zijn bijna tastbare aanwezigheid maakte me oplettend. Terwijl de muziek opsteeg greep Graham opnieuw de microfoon en herhaalde dezelfde woorden die hij gisteren had gesproken: "Dit is het jaar van 'restitutie'; dit is het jaar van ongekende genade en gunst……"
Geïrriteerd dat hij opnieuw de aanbidding had onderbroken, dacht ik, *Graham, het zijn dezelfde mensen. Dit heb je gisteravond ook al gezegd. Waarom herhalen?* Ik haakte af en luisterde niet meer totdat er iets veranderde in Graham's manier van spreken wat mijn aandacht trok. "Dit is niet voor jou persoonlijk, maar voor de mensen die Ik aan jou verbonden heb!" zei hij.

Ik kan het niet verklaren, maar toen Graham dat zei was het net alsof de Heer rechtstreeks tot mij sprak. Plotseling kon ik geen lucht meer krijgen, alsof ik een stomp in mijn maag had gekregen, alsof alle lucht uit de zaal was gezogen. Ik barstte in tranen uit.
Het was onmogelijk om te blijven staan dus boog ik voorover in de stoel en huilde onbeheerst. Tijdens die worsteling schreeuwde ik het uit naar de Heer, *Wat is dit? Wat is er aan de hand?*
Ik voelde dat de Heer sprak: *De terugbetaling voor het Joodse volk is zes miljoen!* Mijn hoofd tolde. Ik begreep het niet, maar vanwege het getal vermoedde ik dat het iets met de Holocaust te maken had.

De Holocaust? Ik snap het niet. Heer, ik begrijp niet wat er nu met me gebeurt, maar waarom de Holocaust?

Ik voelde dat de Heer weer tot me sprak: *Zes miljoen ga Ik in het Koninkrijk brengen vanwege wat hen tijdens de Holocaust is misdaan.*
Dit schokte mij enorm. Ook al begreep ik niet wat er tegen me was gezegd, wat er met me was gebeurd. Ik wist echter dat Hij het was.

Langzaam kwam ik weer tot mezelf. Mijn hoofd zat vol vragen waarop ik geen antwoorden had. Zeker wetend dat het van God kwam maakte het mij doodsbenauwd. De muziek leek van heel ver te komen. Terwijl ik tot rust probeerde te komen had ik geen idee wat Hij bedoelde of op welke wijze de Heer zou doen wat Hij gezegd had. Zes miljoen!
Die aantallen waren te groot voor mij, ik kon het niet pakken. Toen ik me wat kalmer vroeg ik: *Heer, wat wilt U van mij door dit woord? Ik kan me er niets bij voorstellen, ik kan het niet vatten.*
Omdat het onmogelijk was te ontkennen dat dit de Heer was, moest ik het op een soort innerlijke plank zetten om het later te overdenken. Eerst moest ik tot rust komen en mezelf bij elkaar rapen.
De rest van de avond bleef ik me afvragen waarom de laatste woorden van Graham zo'n sterke reactie in me hadden veroorzaakt. Het had de bijna vijfentwintigjarige relatie, die ik met zowel het Joods volk als hun land had, diep geraakt.

Vanaf het begin van mijn wandel met de Heer waren de Holocaust en het ontstaan van Israël een deel van mij geweest. Zelfs voordat ik mijn leven aan de Heer had gegeven hadden deze twee onderwerpen mij doen huilen. Vanavond had de Heer dit fundament aangeraakt, alsof Hij erop wilde gaan bouwen. Maar wat? Ik wilde er niet over nadenken. De Holocaust riep alleen maar vragen op waarop je nooit antwoorden zou krijgen. Dat kon je maar beter omzeilen en niet te dicht in de buurt komen. *Is dit het begin van een nieuw beeldhouwwerk?* vroeg ik me af.
De Heer had vergelijkbare situaties gebruikt om mijn aandacht te trekken en als antwoord daarop had ik verschillende beeldhouwwerken gemaakt, maar de aandrang was nooit zo sterk geweest als nu.
Het leek heilig, onaantastbaar en ik had afstand nodig. *U moet me toch wat meer uitleggen,* zei ik tegen de Heer, maar ik was er niet zeker van of ik het aankon als Hij dat 'meer' zou openbaren. *Wil ik deze bevestiging werkelijk?*

Ondanks die vraag sliep ik die nacht goed. De volgende dag was gevuld met conferentie-activiteiten, maar ik was er niet echt bij met mijn gedachten. Mijn overpeinzingen leidden me naar een wereld van vragen: *'restitutie', zes miljoen, het koninkrijk?* Ik voelde me wel goed, maar niet betrokken; ik had geen zin om te praten en wilde alleen gelaten worden met mijn gedachten. Tijdens de lunchpauze wilde ik buiten een rustig plekje vinden om in mijn eentje te eten, maar werd door de violiste aangesproken. "Ben jij de beeldhouwer uit Israël die gisteren een paar woorden heeft gesproken?" vroeg ze.

"Ja," beaamde ik met tegenzin.

"Ik wil je wat vragen," zei ze. "Zullen we ergens een kop koffie gaan drinken?"

Hoewel ik "nee" wilde zeggen, stemde ik op de een of andere manier toch toe om mee te gaan.

Ruth Fazal was een professionele violiste die in Toronto woonde en werkte. Ze vertelde hoe de Heer haar geleid had een oratorium te componeren. Ik had er geen idee van wat dat was, alleen dat het iets met muziek te maken had. Toen Ruth uitlegde dat dit muziekstuk gebaseerd was op gedichten van Joodse kinderen uit de Holocaust had ze mijn volledige aandacht. Geboeid luisterde ik naar haar verhaal over de wijze waarop muziek deze plaats van verschrikkelijke herinneringen had aangeraakt.

Het fascineerde en beangstigde mij dat ik dit verhaal juist nu hoorde, de ochtend nadat ik het heftige en verbijsterende woord van de Heer had ontvangen. Omdat ik het niet hardop wilde zeggen vertelde ik haar niet wat mij was overkomen, dus luisterde ik alleen maar.

Toen Ruth hoorde dat Dafna, de jongens en ik naar Toronto zouden gaan om mijn ouders te bezoeken, stelde ze voor dat wij elkaar daar over ongeveer drie maanden zouden ontmoeten. In die tijd moest ik ook een groot bronzen beeld plaatsen op een universiteit in Noord-Indiana.

Later leek het een samenloop van omstandigheden dat het thema van dat *Gethsemané* kunstwerk Jezus' worsteling met de beker der smarten was. Geleidelijk aan zou ik het belang van Gods timing leren.

Drie maanden later, toen we elkaar onder de koffie in Toronto ontmoetten, vertelde Ruth over de vorderingen van haar oratorium. Het was fijn elkaar beter te leren kennen en we deelden onze plannen en afspraken met haar: "Dafna en ik gaan naar Noord-Carolina om te beginnen aan een nieuw beeldhouwwerk en keren daarna terug naar Israël," zei ik.

"In diezelfde periode heb ik een conferentie in Zuid-Carolina!" riep Ruth opgewonden uit.
We besloten elkaar daar weer te ontmoeten.

HOOFDSTUK 30

De zeven laatste woorden

Hartje zomer 2001 kostte het me vier uur om naar de conferentie in Zuid-Carolina te rijden voor de ontmoeting met Ruth Fazal. Omdat Dafna niet mee kon komen was ik van plan om maar een nacht te blijven. Ruth had de conferentie samen met ene Gary Wiens uit Kansas City georganiseerd. Ik ontmoette hem later die dag samen met een aantal musici. Tijdens een pauze tussen twee sessies zei iemand dat ik echt nog een nacht moest blijven, omdat Ruth en Gary samen *de Zeven Laatste Woorden* zouden gaan doen.

"Wat is dat?" vroeg ik.

"Het is een gedicht dat gebaseerd is op de zeven laatste woorden van Jezus aan het kruis," legden ze uit. "Ruth en Gary hebben het op verschillende conferenties uitgevoerd. Het gedicht is vanuit het gezichtspunt van Johannes, omdat hij de enige discipel was die bij de kruisiging bleef."

Dus besloot ik te blijven en na afloop terug te rijden naar Noord-Carolina. Geen idee had ik van wat mij te wachten stond.

Garry's declamatie van het gedicht, samen met de melodieuze vioolmuziek van Ruth was krachtig, vol aanzwellende emoties en verpletterende realiteiten.

Ik voelde de pijn van Johannes toen hij zijn beste vriend aan het kruis zag worstelen en lijden terwijl Hij deze laatste woorden uitsprak.

Het bracht zoveel beelden in mij naar boven dat het was alsof ik daar bij hen was. Ieder gesproken woord, zijn eigen drama uitbeeldend, werd gevolgd door de reactie van Johannes. Als betoverd luisterde ik naar de een uur durende voordracht.

Na afloop, tijdens de koffie, vroegen Gary en Ruth mij wat ik ervan vond.

"Ik heb er geen woorden voor." Geen woorden, alleen maar tegen elkaar botsende beelden schoten door mijn hoofd. Die moest ik gaan ordenen.

Tijdens de vier uur durende terugrit maakte ik in gedachten veel schetsen en was er van overtuigd dat ik daar iets mee moest doen. *Een tekening? Een beeldhouwwerk? Maar hoe kan ik deze kruiswoorden in een figuur overbrengen?*

Diep in de nacht kwam ik thuis, pakte mijn schetsboek en tekende snel een aantal basisfiguren aan een kruis zodat ik in ieder geval een zichtbare herinnering had aan datgene wat ik had gezien.

In de daaropvolgende weken bleef ik veel tijd besteden aan deze tekeningen, die inmiddels zeven kruisigingsscenes waren geworden. Zeven figuren, door middel van verschillende lichaamshoudingen deze woorden uitbeeldend, keken naar elke verschillende kruisigingsfasen.

Ik worstelde ermee om het goed te krijgen, want hoewel de kruisiging gezien moest worden als een geheel, was het tegelijkertijd verdeeld in zeven delen.

Op een avond schetste ik zeven panelen die door zwerfsteenkolommen gescheiden werden. Plotseling doorbrak de Heer mijn concentratie. *Wat representeren op elkaar gestapelde stenen?* vroeg Hij.

Onmiddellijk moest ik denken aan het volk Israël dat na het oversteken van de Jordaan het land binnentrok en aan de priesters die stenen op elkaar stapelden. *Een **gedenkteken*** was het woord dat bij me opkwam. Onmiddellijk ervoer ik dezelfde emoties als bij het 'restitutie' woord. Daar was ik niet op voorbereid. Opnieuw stelde de Heer een vraag: *Hoeveel kolommen van steen heb je getekend?*

Het waren er zes.

Sinds de dag dat het woord 'terugbetaling' een half jaar geleden in mijn leven was gekomen, was de Heer er niet op teruggekomen.

Ik had oprecht gehoopt dat het daarbij zou blijven, maar de zes kolommen van zwerfkeien brachten opnieuw heftige emoties teweeg. Het alarmeerde me. *Een gedenkplaats voor de zes miljoen? Dat kan niet verbonden worden met de zeven kruiswoorden! Ik kan de Holocaust en de kruisiging niet bij elkaar brengen!* Innerlijk schreeuwde ik bijna: *Je kunt die twee niet bij elkaar brengen en nog verwachten in Israël te kunnen blijven wonen!*

De meeste Israëliërs zouden zeggen dat de Holocaust veroorzaakt was door de kruisiging. De nieuwe openbaring van het gedenkteken voor de zes miljoen bleef me dagenlang bij en ik wist niet wat ik er mee aan moest.

Nadat ik mijn leven aan de Heer had gegeven, had ik Hem gezegd dat, als Hij Zijn wil aan mij bekend zou maken, ik zou doen wat Hij wilde. In die periode van mijn leven leek dat de juiste reactie, en ik meende wat ik zei. Deze keer echter zou ik een hoge prijs moeten betalen voor wat de Heer van mij leek te vragen.

Ik dacht na over de betekenis van de zeven laatste woorden:
>	"Vader vergeef hun, want ze weten niet wat ze doen"
>	"Vandaag zal je met Mij in het paradijs zijn"
>	"Moeder, dit is uw zoon, Zoon, dit is je moeder
>	"Mijn God, mijn God waarom hebt U mij verlaten"
>	"Mij dorst"
>	"Het is volbracht"
>	en tenslotte "In Uw handen beveel ik mijn geest"

Ieder van hen droeg een mysterie, een diepte. Elk woord zou een deuropening zijn die me riep om naar binnen te stappen.

Hoe ga ik de discipel Johannes uitbeelden? vroeg ik me af. *Als een jonge Joodse man in een T-shirt en spijkerbroek, een moderne versie van de discipel? Het gedenkteken voor de zes miljoen vermoorde Joden die gerepresenteerd worden door de zes kolommen zal iets zijn tussen de Heer en mij,* mijmerde ik, aangezien ik de betekenis verborgen wilde houden. *Als mensen het kunstwerk zien zal niemand het met de Holocaust verbinden.* Tevreden met deze oplossing pakte ik mijn schetsboek en begon mijn begintekeningen uit te werken. *Misschien moet er ook water in verwerkt worden,* dacht ik. *Water dat over de kruisigingspanelen stroomt.*

Ruth wist inmiddels dat ik aan een project werkte dat te maken had met het gedicht. Tijdens een telefoongesprek vertelde ik haar over het 'fontein' idee. "Wacht even!" onderbrak ze me.
Een paar minuten later was ze weer aan de lijn. "De Heer gaf me dit vers toen ik het oratorium begon te schrijven. Het komt uit Jeremia 9." Toen citeerde ze:
>	*"Och Heer, dat mijn hoofd een waterbron was en mijn ogen een fontein van tranen, dat ik dag en nacht kon wenen over de vermoorden van mijn volk."*

Ik was diep geraakt en ook beduusd, omdat ik me realiseerde dat het idee om water toe te voegen verbonden was met de vergoten tranen over het vermoorde volk van Israël. Zonder dat ze het wist had Ruth het werk zijn naam gegeven. Nu begreep ik ook de achterliggende bedoeling: het was een voorbede voor de vermoorden, een herdenking aan hen. Ook al wilde ik de Holocaust op veilige afstand houden van de kruisiging, de Heer liet dat niet toe.

Het was tijd geworden om de volgende stap te zetten.

Uittreksel van het gedicht *De laatste zeven woorden van Christus* door Gary Wiens

Proloog - Voor Uw voeten

Voor Uw voeten, o Lam van God,
Neem ik plaats.
Zeg ik Uw Naam
Terwijl eloquente tranen mijn dank verklaren
Uw verbroken gezicht maakt genezing bekend voor dit verbroken imago
Davert Uw passie, beloofd plechtig Uw liefde.
...
Ik neem uw hand,
Want die heeft U voor mij uitgestrekt aan het kruis.
Ik kan niet anders dan U volgen, U, die mijn vreugde bent, mijn Leven.
Uw kostbare liefde heeft overwonnen
En mij naar U toegetrokken.

Epiloog – De Ochtend

Het werd ochtend
En opnieuw bevind ik mij voor uw voeten
Uw ogen, levend met een vuur dat ik niet eerder gezien heb,
kijken mij opnieuw vast aan.
En ik weet.
...
Ik draaide mij om om weg te gaan en daar stond U,
En nam mijn hand, noemde mijn naam, trok me naar U toe.
Uw kloppende hart tegen mijn wang maakte de tranen los,
Toen ik opnieuw mijn plaats innam waar U woont, in Uw hart.
En zo werd het ochtend,
En opnieuw bevind ik mij voor uw voeten.
Uw ogen, levend met een vuur dat ik niet eerder gezien heb,
kijken mij opnieuw vast aan.
En nu weet ik het.
Ik weet.

HOOFDSTUK 31

Een hemelse opdracht

Nu ik voldoende bevestigingen had ontvangen besloot ik om zes schaalmodellen te maken, die allemaal Johannes voorstelden.[1] De 30 cm hoge schaalmodellen zouden voor een 60 cm hoge en 3 meter brede muur met kruisigingspanelen komen te staan.

Een Joodse vriend gaf toestemming dat ik voor de Johannes figuur zijn gezichtsfoto's mocht gebruiken. Hij had een prachtig gezicht, hartelijk en sympathiek, met een iets terugtrekkende haarlijn van zijn verder dik krullende haar.

Voor een beeldhouwwerk begin ik altijd met een geraamte van ijzerdraad om de klei steun te geven. Zelfs een ijzerdraadconstructie brengt iets over door middel van de eenvoudige lichaamstaal. In dit geval gaf het mij de basisrichting voor de figuur terwijl deze op de zeven woorden reageerde. Door de aangebrachte klei kreeg de figuur meer detail, alhoewel het nog steeds elementair bleef. Ik liet het hoofd kaal en besloot het haar tot het laatst te bewaren. Gestaag werkte ik aan de eerste fasen van de modellen en hun fysieke uitdrukkingen. Ik had al een bepaald idee in mijn hoofd voor het eerste paneel met *"Vader vergeef het hun, want ze weten niet wat ze doen."* Toen kwam het moment dat ik moest gaan werken aan de details van het haar, de gezichtsuitdrukking en de handen. Iedere keer als ik deze fase van een beeldhouwwerk bereik, ervaar ik de ernst van het werken aan deze delen omdat zij de meeste communicatie uitdrukken. Hiermee kan je de emotionele boodschap of verbreken of overbrengen.

De handen lukten goed, het gezicht ontwikkelde zich aardig en nu begon ik bij het normaal gesproken eenvoudigste deel van de figuur het haar. Op het moment dat ik het haar toevoegde zag het er echter niet goed uit en dus haalde ik het eraf door de klei te verwijderen.

Opnieuw probeerde ik het haar toe te voegen. Het leek goed, maar ook al waren de verhoudingen van het gezicht en het hoofd goed, het

---

[1] Dit mini model staat in het *International House Of Prayer* (IHOP) in Kansas City.

haar paste op de een of andere manier niet bij het gezicht. Ik nam het er dus weer vanaf en nog een keer en toen stopte ik. Door de jaren heen had ik honderden figuren gemodelleerd. Vroeg of laat worstelde ik altijd weleens om het hoofd of het gezicht goed te krijgen.

Maar deze keer was het anders; het haar veroorzaakte het probleem. Nog nooit was het zo moeilijk geweest een model te maken. Na mijn zoveelste mislukte poging werd ik zo gefrustreerd dat ik besloot de figuur te laten voor wat het was en verder te gaan met het volgende paneel, *"Vandaag zal je met mij in het paradijs zijn."*

Het begin gaf geen moeilijkheden. Zelfs in deze basisvorm van het beeld kon ik het woord voelen dat me geroerd had en ik genoot om eraan te werken. Maar toen ik de haarfase bereikte, voelde ik me op een vreemde manier geblokkeerd. Opnieuw probeerde ik de figuur haar te geven maar kon het niet goed krijgen. Ik vroeg me af: *Alles schijnt in orde te zijn, wat is er toch met het haar?* Ik besloot deze ook kaal te laten en ging verder met de volgende figuur totdat al de zeven sculpturen, die Johannes voorstelden, klaar waren. Maar ze waren allemaal kaal. Waarom begreep ik niet, want deze kleimodellen leken allemaal uit te drukken wat ik had gevoeld tijdens de declamatie van het gedicht. Hoe kon het tegelijkertijd goed en verkeerd voelen?

Misschien heeft het te maken met iets waar ik doorheen ga, dacht ik en besloot verder te gaan met de volgende fase: het maken van de mallen. De wassen gietvorm dient ter voorbereiding op het gieten in brons. Omdat ik nog steeds de mogelijkheid had om wijzigingen aan te brengen in het beeldhouwwerk, besloot ik het probleem van het haar voor later te bewaren. Maar toen ik het beeldhouwwerk moest afmaken om verder te kunnen gaan, was ik nog steeds niet in staat om het haar op de figuren aan te brengen. Volkomen gefrustreerd bad ik:

"Heer, wat is dit? Ik begrijp het niet!"

Wat was de meest zichtbare identificatie van de mannen en vrouwen in de concentratiekampen? leek de Heer mij te vragen.

Onmiddellijk wist ik het: hun hoofden waren kaal geschoren! Ik moest opeens weer denken aan het moment dat ik het woord 'terugbetaling' ontving. Hoewel ik daar niet heen wilde gaan, werd me geen andere keus gelaten. Een golf van emotie overspoelde mij en ik begon te hui-

len. Het was alsof ik Gods eigen gevoelens over dit onderwerp ervoer.
Het was zo moeilijk, zo hartverscheurend dat ik er bang van werd.
*Als ik verder werk aan het project zal ik geen plaats hebben om me te
verstoppen*, wist ik. *Als dit Johannesmodel een persoon uit het concentratiekamp wordt, moet niet alleen zijn hoofd kaalgeschoren zijn, maar
moet hij ook de gestreepte gevangeniskleren dragen; iedereen zal direct weten dat dit de Holocaust voorstelt.* Maar het was de Heer Die
sprak en ik had beloofd om Hem te gehoorzamen.
Ik voelde me ellendig.

Dagenlang worstelde ik met deze openbaring omdat het alles veranderde wat ik me voorgenomen had te doen. Het brandpunt had gelegen op het gedicht van de zeven laatste woorden van Jezus en Johannes' antwoord daarop; nu werd het de reactie van de Holocaust op
deze zeven laatste woorden. *Hierdoor kan ik al mijn Israëlische vrienden verliezen,* dacht ik. *Ze weten allemaal dat ik in Jezus geloof en dat
respecteren ze, maar in dit geval zullen ze zeggen dat ik te ver ben gegaan en dat ze niets meer met me te maken willen hebben.*
Die gedachte vond ik erg moeilijk en het kostte me dan ook een hele
tijd voordat ik kon zeggen: "Oké, Heer. Uw wil geschiede" en Zijn oproep te gehoorzamen.

Opeens begreep ik hoe Johannes zich gevoeld moest hebben terwijl hij
aan de voeten van Jezus stond - hij en ik dienden dezelfde Heer.
Op mijn eigen beperkte manier kon ik, als goede vriend en volgeling
van Jezus, me iets indenken bij de woorden van het gedicht. Maar de
Holocaust? Hoe moest ik de gevoelens van de Holocaust kennen?
Hoe zou een figuur die de Holocaust voorstelt reageren op de woorden van de kruisiging? Jezus' kruisiging, die de Joden beschouwen als
de bron van haat tegen hen.

Mijn laatste uitroep naar de Heer was: "Hoe maak ik een gedenkteken
van iets waaraan ik zelf geen herinneringen heb? Ik ben een gelovige
uit de heidenen; niemand in mijn familie is Joods, niemand heeft de
Holocaust meegemaakt! Ik heb een beginpunt nodig, een innerlijke
herinnering waaruit ik kan putten."

Ik deed er nog een schepje bovenop: "Ik ben Canadees, ik heb zelfs geen nationale herinnering   die me hierbij kan helpen. Als ik nou in Frankrijk of Nederland was geboren, dan zou ik tenminste nog een nationale herinnering hebben!" Ik voelde me gerechtvaardigd door die logische woorden. Met dit argument zou ik me uit de voeten kunnen maken. De Heer doorbrak mijn zelfgenoegzaamheid met drie eenvoudige woorden: *Maar Ik wel!* Hij ging nog een stap verder: *Ik herinner Mij elk kind, elke man, elke vrouw, elke schreeuw uit iedere kuil, elke treinwagon, elke gaskamer. Jij schept vanuit Mijn herinnering, niet die van jou!*

Aan het einde van mijn weerstand gekomen omarmde ik Zijn hart.

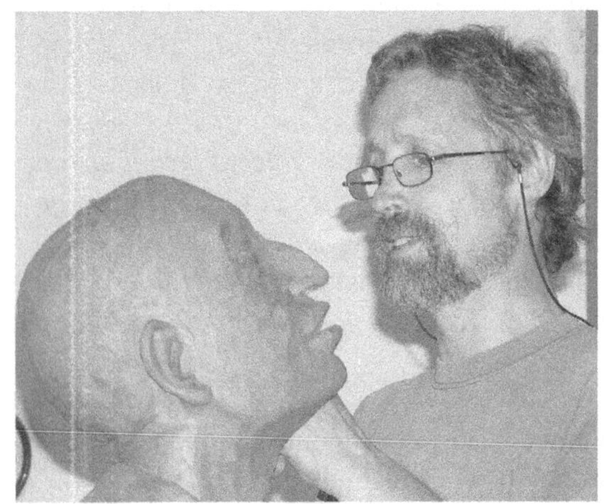

HOOFDSTUK 32

Mediterend beeldhouwen

In het voorjaar van 2003, vele tekeningen en modellen later, begon ik voorbereidingen te treffen voor de zeven reliëfpanelen op ware grootte van Jezus' laatste woorden aan het kruis. De panelen zouden ongeveer twee bij vier meter worden. Mijn studio in de nederzetting was niet groot, maar ik slaagde erin de zeven frames op zo'n manier in de overvolle werkruimte te zetten, dat ik eraan kon werken en ze allemaal kon zien.

Terwijl ik de figuur voor een specifiek woord boetseerde, mediteerde ik en dacht ik er intens over na. *Hoe kan ik dat woord in Zijn gezicht uitdrukken en tegelijkertijd die onvoorstelbare pijn overbrengen?* vroeg ik me af. *Vergeet Hij soms even de pijn wanneer Hij het woord spreekt, of horen ze bij elkaar? Verleent de pijn het woord kracht of gezag? Hoe kan ik in de muur die ik maak Zijn handen laten spreken? De spijkers beperken immers de beweging, hoewel, niet helemaal.*

Het beeldhouwen van deze panelen werd mijn meditatie en, zoals ik had gebeden, werd het Zijn visuele communicatie. Ik voelde heel sterk dat er geen afdruk van het kruis op de panelen moest komen.
Historisch gezien had dit teken extreem negatieve associaties voor het Joodse volk en ik wist dat de focus moest liggen op de kruisiging en niet op het kruis. De figuur die de gekruisigde Heer voorstelde kwam tevoorschijn uit de muur van Jeruzalemsteen dat een duidelijk herkenbare structuur heeft. De figuur vormde zo'n geheel met de muur dat de bloklijnen dwars door het lichaam liepen. Omdat de gekruisigde figuur zo diep verzonken in de stenen zit, wordt de indruk gewekt dat deze in tweeën is gedeeld.

Op dezelfde manier werden de Holocaust figuren een voortdurende meditatie. Ik ontdekte dat de lichaamshoudingen die ik voor de Johannesfiguur had gemaakt ook de lichaamstaal werden van de Holocaustfiguren.

De Heer had vanaf het begin geweten wat deze figuren zouden zeggen. Voor ons duurde het jaren voordat we de verschillende communicatielagen in de Holocaustsculpturen ontdekten.

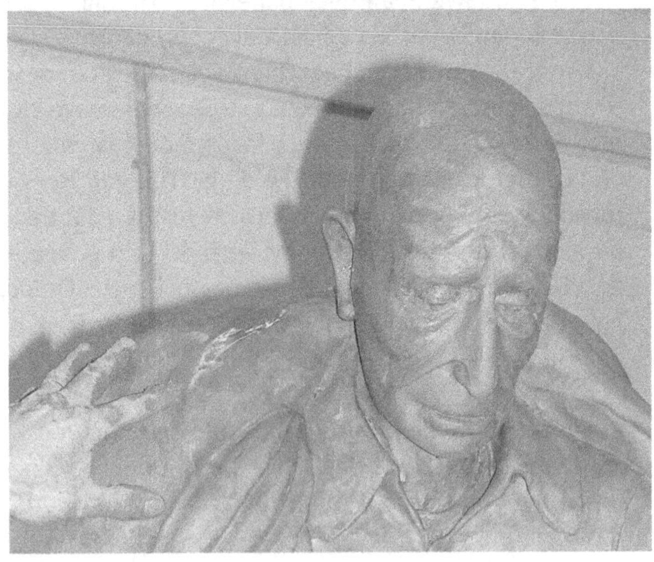

HOOFDSTUK 33

Ontmoeting met het model
voor de Holocaust

Omdat de afbeelding van Johannes veranderd was in iemand die de Holocaust voorstelde, moest ik een nieuw model vinden.

Yad Vashem, het Holocaust herdenkingsmuseum in Jeruzalem, heeft een omvangrijk fotoarchief met bijna twee en een half miljoen digitale foto's. Sommige foto's kwamen uit familiealbums; anderen waren genomen door geallieerde soldaten, de Nazi's of het Russische leger.

Twee en een half uur lang keek ik naar het computerscherm, op zoek naar een specifiek gezicht dat de Holocaustfiguur in dit werk kon symboliseren of er model voor kon staan. Het was heel moeilijk om naar die beelden te kijken, omdat ze me in een wereld van duisternis en pijn trokken, die ik alleen oppervlakkig kende.

Opeens verscheen een gezicht op het scherm. Een broodmagere man met een deken om zijn schouders, keek me recht aan. Zijn intrieste, afgeleefde gezicht was doorgroefd en hij zag er zo moe uit. Maar het waren zijn ogen die me diep troffen. Ondanks zijn uitputting was het alsof ik er een sprankje leven in zag. Ik kon me voorstellen dat hij me heel wat verhalen zou kunnen vertellen.

Dat is hem! Ik wist dat hij mijn model zou worden.

Van de medewerker van Yad Vashem kreeg ik een fotokopie, maar hij kon me geen verdere informatie verstrekken zoals zijn naam, leeftijd of afkomst.

De eerstvolgende negen maanden creëerde ik de Holocaust' s reactie op de zeven laatste woorden. In die tijd begon ik het gezicht achter de foto beter te leren kennen. Ik probeerde hem van het papier te trekken, hem driedimensionaal te maken. Elk van de zeven Holocaustfiguren werd geboetseerd met mijn fotokopie er vlak naast. Iedere reactie vroeg om een andere lichaamsstand en een verschillende gelaatsuitdrukking.

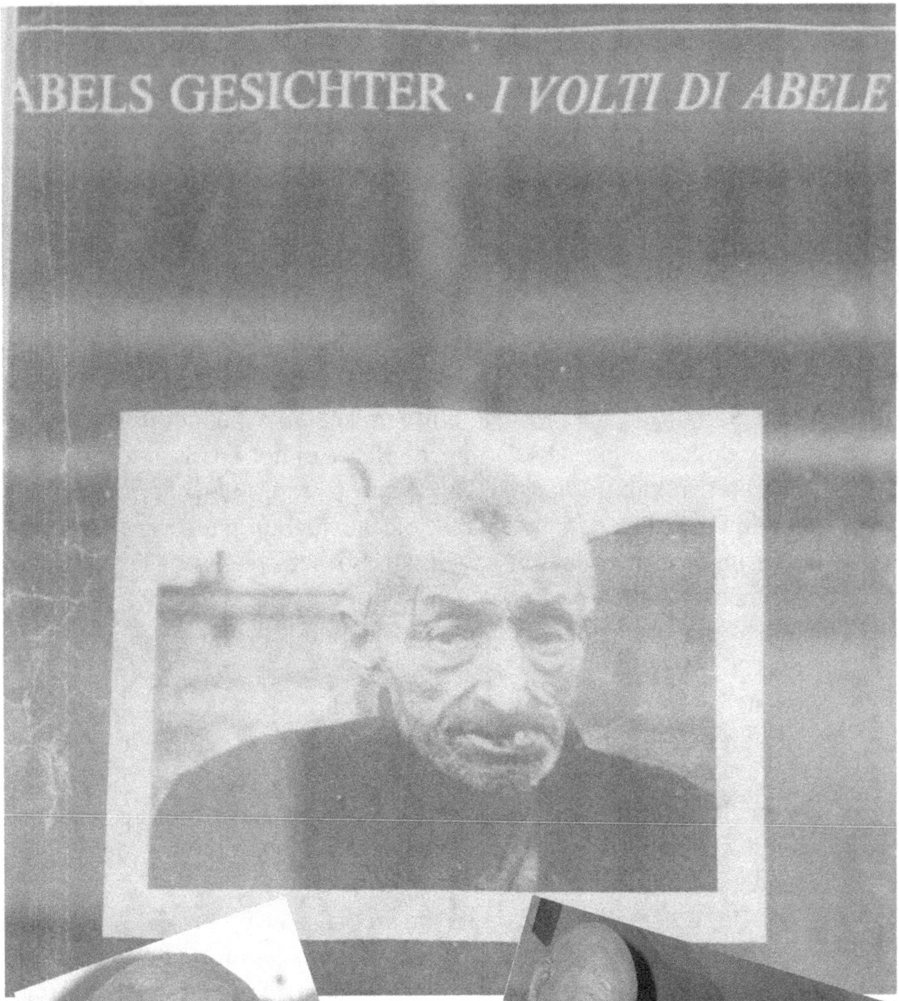
ABELS GESICHTER · I VOLTI DI ABELE

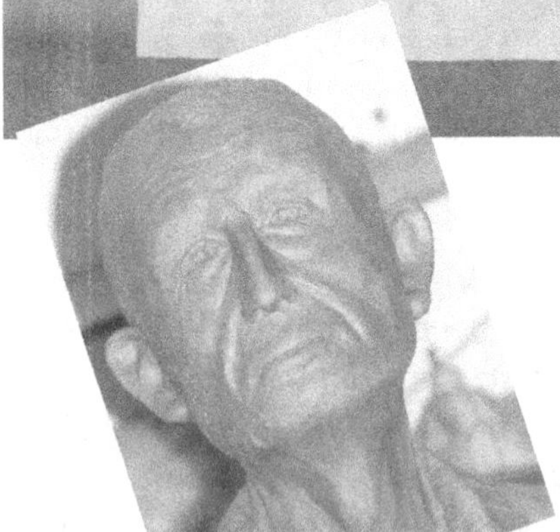

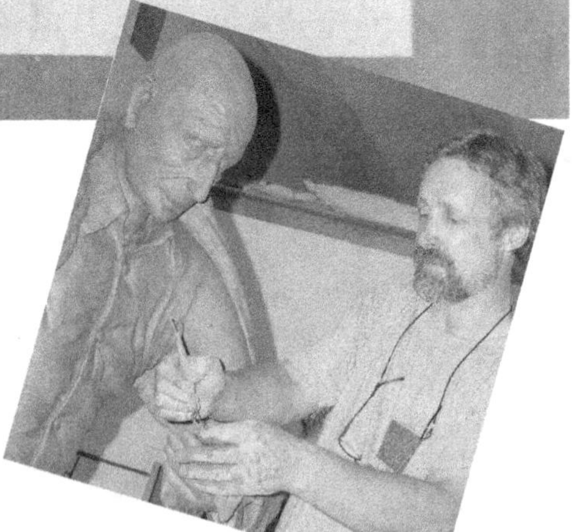

De gezichtsuitdrukkingen maakte ik door te raden hoe de gezichtslijnen zouden veranderen als hij schreeuwde of wanneer hij wanhopig, angstig of boos was. Ik bracht zoveel uren met dit gezicht door dat ik iedere lijn en elke mogelijk spierbeweging kende. Omdat de fotokopie hetzelfde bleef, was die altijd mijn uitgangspunt. Toen de afgeronde stukken mijn studio begonnen te vullen was hij overal.

Bij de laatste zin aangekomen, *"In Uw handen beveel ik Mijn geest"*, kreeg ik een telefoontje van een Duitse vrouw uit Jeruzalem. Zij organiseerde regelmatig reizen naar Polen om de zes belangrijkste Nazivernietigingskampen te bezoeken. Wetend dat ik aan een stuk werkte dat te maken had met de Holocaust, dacht ze dat ik wellicht geïnteresseerd zou zijn om met hen mee te gaan. Tot op dat moment was ik maandenlang begraven geweest in deze meditatie. Het model van de zwart-wit kopie was veranderd in zes levensgrote figuren, ieder met zijn eigen gelaatsuitdrukking. Het leek een goed idee om een korte pauze te nemen en verder na te denken over het laatste beeldhouwwerk terwijl ik de verschillende concentratiekampen bezocht.

Onze groep ontmoette elkaar in Oswiecim, de Poolse naam voor Auschwitz, waar het kamp lag. We begonnen met Auschwitz-Birkenau, het grootste en meest beruchte Nazivernietigingskamp. Hoewel de Nazi's honderden concentratiekampen hadden verspreid over heel Europa, lagen de zes vernietigingskampen allemaal in Polen. Voordat we het Auschwitz kampmuseum bezochten, kregen we eerst een documentaire van vijftien minuten te zien over de geschiedenis en bouw van het kamp.

Zoals te verwachten was, hing er een geladen sfeer in de zaal. De oude zwartwit film, vertaald in het Engels, was samengesteld uit Nazi filmmateriaal en archieffoto's. Het laatste deel bevatte Russisch filmmateriaal, omdat zij het kamp in januari 1945 hadden bevrijd. Tijdens die strenge winter in januari, werden de meeste gevangenen gedwongen tot de dodenmarsen richting Duitsland. Zieken werden achtergelaten, maar sommigen waren erin geslaagd zich te verbergen. De Russische bevrijders filmden alles wat ze in het kamp ontdekten. Ik kon de emoties van de cameraman bijna voelen toen hij de gruwelen vastlegde die ze aantroffen.

Toen ze in Birkenau kwamen bleef de camera om de een of andere reden gericht op een van de houten barakken. De deur ging open en een man begon naar de camera te lopen. Toen hij dichterbij kwam zoemde de camera in op zijn gezicht, terwijl de gevangene gedurende tien seconden iets zei . Toen ik het gezicht van de man zag, kwam een indringende gedachte bij me op: *Ik ken deze man!* Maar toen argumenteerde ik: *Hoe zou ik iemand kunnen kennen die in 1945 ontdekt was als een verstopte gevangene in Birkenau?* Ondanks dat wist ik zeker dat ik hem ergens van kende. Mijn gedachten tolden door mijn hoofd en ik bleef me maar afvragen: *Hoe is dit mogelijk? Aan wie doet hij me denken?* Opeens schoot door me heen: *Dit is mijn model! Dit is hem! Dit is dezelfde man, dit is hetzelfde gezicht dat ik meer dan een jaar lang zo zorgvuldig heb bestudeerd!* Ik wilde het uitschreeuwen en roepen: "Ik ken hem! Ik ken elke trek op zijn gezicht, alles!"
Omdat de zwart-wit film geen geluid had, kon ik niet horen wat de man zei maar zag alleen zijn mond bewegen. Ik wilde wat terugzeggen tegen hem maar de film was afgelopen.

Helemaal beduusd wist ik niet wat ik moest doen. Ik wilde de film nog een keer zien maar we moesten verder. Ik kon de anderen in de groep niet uitleggen wat ik voelde. Ze zouden het niet kunnen begrijpen als ik hen vertelde dat ik iemand gezien had die ik kende maar ook weer niet kende. Dat ik veel tijd had doorgebracht met een persoon die tot op heden een gezicht was geweest op een stuk papier beduimeld met kleivlekken en vingerafdrukken.

De rest van de dag schoten allerlei gedachten door mijn hoofd: *Hij heeft het overleefd! Overleefde Auschwitz! Maar hoe heet hij? Waar ging hij heen na de oorlog? Verhuisde hij naar Israël? Had hij kinderen? Zouden die in dezelfde stad kunnen wonen als ik?*
Al die vragen vermengden zich met wat ik nu in het kamp zag, de plaats die hij tegen alle verwachtingen in overleefd had. Wie had kunnen bedenken dat tussen de twee en een half miljoen afbeeldingen in Yad Vashem, die duizenden verschillende plaatsen en tijden vertegenwoordigden, ik ditzelfde gezicht zou tegenkomen in een introductiefilm in het Auschwitz museum?

Ongelooflijk, maar voor God was niets onmogelijk. Ik wist dat, als God me toestond om deze man te 'ontmoeten', ik achter zijn naam moest zien te komen en waar hij gebleven was na de oorlog. Het enige feit dat ik van de film geleerd had was dat hij tijdens de bevrijding tweeënveertig jaar oud was geweest.

Sindsdien ben ik vele malen in Auschwitz geweest en heb een aantal van de kantoormedewerkers in het museum leren kennen, een paar geschiedkundigen en de archivaris. We hebben de namen doorgenomen die door de Russen waren opgeschreven, en daardoor de lijst tot 120 mannen kunnen verkleinen die op dat moment 42 jaar oud geweest zouden zijn. Het filmfragment van de pratende man heb ik naar een Poolse dovenschool gestuurd met de vraag of iemand door liplezen erachter kon komen wat er gezegd werd. Als hij Pools sprak zou ook dat mijn zoektocht verkleinen.
De medewerkers van het Auschwitz museum zijn allemaal erg behulpzaam en geduldig geweest tijdens mijn zoektocht.
"Het is als het zoeken naar een naald in een hooiberg," bleven ze zeggen.
"Maar ik heb tenminste ontdekt dat er een hooiberg is," zei ik.

Benjamin Netanyahu bezoekt Cadim tijdens de besprekingen voor terugtrekking.

HOOFDSTUK 34

'Ontmanteling' en een 'Roepstem in de woestijn'

Toen ik in de nederzetting terugkwam na de reis naar Polen waren dingen veranderd, dieper geworden. Ik voelde mij nu verbonden met een echte persoon en niet slechts een foto, terwijl ik de laatste Holocaustfiguur in klei boetseerde.

Al jarenlang spraken de leden van Cadim over de vraag wel of geen ontmanteling. Zowel minister-president Yitschak Rabin als later Ariel Sharon gaven tegenstrijdige berichten. We voelden ons net een tennisbal die heen en weer werd geslagen. De onbekende toekomst had ook invloed op praktische besluiten. Schaffen we nieuwe keukenkasten aan? Verbouwen we het huis? Moeten we ons daarover druk maken? Het kan zijn dat we hier niet lang meer zullen wonen.

Toen Ariel Sharon minister-president werd, dacht iedereen in Cadim dat we veilig waren en eindelijk konden ontspannen. Plotseling veranderde alles. Volkomen onverwacht begon de regering te praten over de ontmanteling van nederzettingen en Cadim was er een van.

Ik had het niet hardop gezegd, maar terwijl ik aan de 'Fountain' werkte, vroeg ik me af of mijn studio wel groot genoeg zou zijn voor dit enorme werk. Het eerste kruisigingspaneel: *"Mijn God, mijn God waarom hebt U mij verlaten?"* bevestigde ik op een stuk spaanplaat zodat ik de afmetingen kon zien om me een voorstelling te maken van de omvang van het uiteindelijke kunstwerk.

Over geld dacht ik meestal niet na; voor mij voelde het immers als een antwoord op de Heer. Hij bevestigde mij dat ik de goede richting op ging, ook al had ik geen idee waar dit allemaal toe zou leiden.

In 2003 begon ik de levensgrote kleimodellen van de kruisigingsfiguren te maken. Tegelijkertijd werkte ik aan twee opdrachten: een in Europa (Bazel, *Esther*) en een in de VS (Indiana, *De verloren zoon)*. Deze twee opdrachten leverden zoveel geld op dat ik het volgende jaar, 2004, full time kon werken aan de levensgrote Holocaustmodellen.

Er zou veel geld nodig zijn om de figuren in brons te gieten, maar daar hield ik me niet echt mee bezig. Na Auschwitz en wat God me daar had gegeven, voelde ik me gedreven om gewoon door te gaan.

In 2005 was het zeker dat de ontmanteling plaats zou vinden, dus verzochten de leden van onze nederzetting advocaten om ons, samen met een andere nederzetting, collectief te vertegenwoordigen. Door hun ervaring met Yamit wisten deze advocaten exact welke papieren moesten worden voorbereid; als het dan zover was, waren zij de eersten die compensatie van de regering aanvroegen. Op deze manier zouden we de meeste kans hebben op enige financiële compensatie. Degenen die te lang wachtten zouden niets krijgen, omdat het budget tegen die tijd op zou zijn. Wij hoopten 75% van het compensatiegeld te krijgen en later de resterende 25% als we onze fysieke aanwezigheid op een nieuw adres konden bewijzen.

In het voorjaar van dit jaar vroegen we de Heer waar we naar toe moesten verhuizen. Het woord "Juda" bleef in mijn gedachten komen, evenals "Een stem roepende in de woestijn". In een Bijbelse atlas zocht ik het geografische gebied van de stam van Juda op en zag direct dat Jeruzalem daar deel van uitmaakte. Het compensatiegeld was echter niet voldoende om een appartement in Jeruzalem te kopen.

Voordat we in de nederzetting gingen wonen had de Heer duidelijk gemaakt dat we nooit schulden mochten maken. Toen we het huis in Cadim kochten, had ik de Heer geraadpleegd over het afsluiten van een hypotheek, aangezien we dan schulden zouden hebben. De Heer had ons destijds gezegd dat, als we schulden zouden maken in gehoorzaamheid aan Hem, we alleen bij Hem in de schuld zouden staan.
In verband met onze zoektocht naar een nieuw huis vroeg ik Hem dus:
        "Gaan we terug naar het geen-schulden principe of mogen we

opnieuw een hypotheek afsluiten?
Terug naar het geen-schulden principe, voelde ik de Heer zeggen.

Omdat we nu wisten dat we een huis met contant geld moesten kopen, zonder hypotheek, besloten Dafna en ik er niet op te rekenen dat de regering de laatste 25% zou betalen; daarom moesten dus een huis zien te kopen in de prijsklasse van 75% van het compensatiegeld.
We kwamen er al snel achter dat het enige gebied met betaalbare huizen in die prijsklasse de noordelijke Negev was; nog steeds Juda maar niet Jeruzalem. Tenslotte betaalde de regering toch die laatste 25% wat de kosten dekte van de bronzen Holocaustfiguren.

Voor ons was het de perfecte tijd om een huis in de Negev te kopen: de prijzen waren laag, mensen waren happig om te verkopen en bereid een deal te sluiten.
    "Heer," bad ik, "ik heb een huis nodig met een studio EN tenminste een 16 meter lange muur." Ik had berekend dat die lengte nodig zou zijn om de *Fountain of Tears* af te maken.

Wij kenden een makelaar, die in Arad woonde, een kleine stad in de noordelijke Negev. We besloten om naar het zuiden te rijden, haar te ontmoeten en meteen een algemene indruk van het gebied te krijgen.
    "Ik heb veel huizen in mijn portefeuille," zei de makelaar, "en ik ben net op weg om er een te bekijken in Arad. Willen jullie het misschien zien?"
Terwijl de makelaar Dafna door het huis rondleidde, slenterde ik om het huis heen naar de achterkant waar ik een L-vormige binnenplaats ontdekte. Een deel van de 'L' had een opslagruimte. *Dat zou mijn studio kunnen worden,* dacht ik. Om de hoek kwam ik op een open binnenplaats met aan een kant een lange muur. Toen ik ernaar keek dacht ik: *Hier is de muur! Ik vraag me af hoe lang die is.* Hoewel ik de Heer had verteld dat ik ongeveer 16 meter nodig had, bleek deze muur ruim 18 meter te zijn. *Wow!* dacht ik. *Als dit van de Heer is, dan is hij royaal.* Uiteindelijk bleek ik de volledige lengte nodig te hebben voor de afgeronde *Fountain.* Terwijl ik mijn ogen over de binnenplaats liet gaan dacht ik: *Ik hoop echt dat Dafna het huis mooi vindt, want ik ga deze muur kopen!*

In juli 2005 werd de uiterlijke datum bekend waarop we onze huizen verlaten moesten hebben: 27 juli. Gezinnen konden voor die datum verhuizen, maar op 27 juli moest de nederzetting helemaal leeg zijn. We vertrokken met gemengde gevoelens. Met bijna iedereen in de nederzetting waren we bevriend geraakt en hadden ons leven als gelovigen in hun aanwezigheid geleefd. Veel van wat we gedaan hadden werd door hen niet begrepen, maar er was wederzijds respect geweest. We hadden hen nooit onder druk gezet maar gewacht tot zij vragen gingen stellen over onze relatie met Jezus.

We hadden heel wat prachtige gesprekken en interacties met hen gehad. Onze beide jongens waren daar opgegroeid en zij zouden heel wat jeugdherinneringen met zich meenemen van hun leven in de nederzetting. De Heer had beslist dat we deze tijd als een 'voorbede' moesten leven. Nu was een andere voorbedefase begonnen, een die voortdurend in ontwikkeling was sinds het 'restitutiewoord' en nu uitmondde in onze vestiging in Arad, met de *Fountain of Tears*. We waren blij om te vertrekken.

Vanwege de studio had ons gezin uitstel van de deadline gekregen - tot 15 augustus. Zeven van de twaalf jaar dat we in de nederzetting hadden gewoond had ik een grote ruimte op het industrieterrein als studio gebruikt. Door de jaren heen had ik heel wat gereedschap en materiaal verzameld, maar de grootste dingen die we moesten verhuizen waren de nog niet afgeronde elementen van de *Fountain*.

Die laatste weken werkte ik hard om alle onderdelen van de Holocaustfiguren aan elkaar te lassen. In juli verhuisden we de huisraad en begin augustus de studio. Mijn kibboetsvader vroeg een vrachtwagenchauffeur van de kibboets te komen met een gigantische platbodem-transporttruck en een 80 tonskraan om ons te helpen het studiomateriaal te verhuizen. Daniel, die toen in het leger zat, kreeg twee weken speciaal verlof om mij te helpen met het timmeren van houten kratten en die vervolgens in te pakken. Die werden door de kraan op de vrachtwagen gehesen. Voor Dafna en mij was het vreemd om de nederzetting voor de laatste keer te verlaten. Op dat moment voelden we geen emoties, we keken alleen vooruit.

Door de verhuizing naar Arad kreeg ik de muur die nodig was voor de *Fountain* en voor de constructie van alles wat daarbij kwam. Het idee om Jeruzalemsteen te gebruiken voor de kruisigingsscenes werd hier geboren. Wat eens de constructieruimte van de *Fountain* was, werd uiteindelijk de tentoonstellingsruimte waar we nu bezoekers ontvangen.

HOOFDSTUK 35

Gethsemané

Langzamerhand zag ik de kruisiging en de Holocaust naar elkaar toegroeien. Er ontstond een dialoog van lijden tussen deze twee persoonlijkheden. Terwijl beiden zo'n diepe pijn met zich meedroegen waren zij historisch gezien mijlenver van elkaar verwijderd. Waren er wel raakvlakken? Was er een verbondenheid in het lijden? Ik wist het niet, maar misschien zouden ze tot mij spreken terwijl ik hen aan het creëren was. Om dat te kunnen doen moest ik terug naar het begin, naar Gethsemané.

Er kleeft zoveel aan het woord 'Gethsemané': het was een duistere plaats, vol verschrikkingen en een intense worsteling van de wil.

Het was ook een tuin waar olijven geoogst en geperst werden om olie te verkrijgen; in Bijbelse tijden werd die gebruikt voor genezing en voor het zalven van koningen. In deze donkerste van alle nachten werd de wil om te leven geplet en uitgeperst om de olie van het leven te kunnen geven. Verbrijzeld, niet door simpelweg te sterven, wat wellicht de worsteling verlicht zou hebben, maar door middel van een langzame, methodisch gefabriceerde foltering. Deze dood was ontworpen om een zo lang mogelijke, maximale pijn te veroorzaken.

Het *Gethsemané* beeldhouwwerk reflecteerde enigszins hoe ik me voelde voordat ik de Fountain of Tears maakte. Het was zo'n worsteling om met die door God gegeven opdracht te beginnen. Ik wist dat het me alles zou kosten, dat ik al mijn vrienden zou kunnen verliezen. Het was een wonder geweest dat ik als niet-Jood het Israëlische staatsburgerschap had gekregen; een teken uit de hemel dat ik in Israël moest blijven om een deel ervan moest worden en de taal moest leren. Ik was lid van de kibboets geworden en had in het Israëlische leger gediend. God had me een speciale liefde voor dit volk gegeven; Zijn hand was zichtbaar in alle relaties die ontstaan waren. Het was zo'n eer om deel uit te maken van dit volk. Liep ik het risico dit allemaal te verliezen? De Holocaust was een van de diepste draden die door het weefsel van dit land liep.

Dit onderwerp aanraken voelde bijna als het binnentreden in zo'n heilige plaats dat het beter was die te vermijden; hier kwam je alleen met vragen, nooit met antwoorden.

Hoe kon ik de verschrikkelijke herinneringen van de Holocaust verbinden met Jezus' kruisiging en Zijn laatste zeven woorden?

Mijn Israëlische vrienden zouden furieus zijn dat ik, de niet-Jood die beweerde hun vriend te zijn, het lef had een dialoog te creëren tussen die twee gebeurtenissen die elkaar alleen maar vervloekten.

Is er een dialoog mogelijk die de pijn van beiden weergeeft? vroeg ik me af. *Is er een broederschap van lijden tussen de twee mogelijk, een die een reinigende en genezende uitwerking heeft op al deze misverstanden en diepe haat?*

De worsteling met deze opdracht was voor mij een persoonlijke Gethsemané; mijn verontschuldigingen en argumenten vanwege zelfbehoud moesten sterven; nu moest ik gaan beeldhouwen. Ik werd herinnerd aan Jeremia 9: ***"Och Heer, dat mijn hoofd een waterbron was en mijn ogen een fontein van tranen, dat ik dag en nacht kon wenen over de verlorenen van mijn volk."***

Beseffend dat deze reis niet alleen maar het beeldhouwen van een groot werk was maar een reis van gebed en voorbede, vroeg ik me af wat mijn startpunt moest zijn. Misschien met Gethsemané? Daar was in zekere zin de kruisiging begonnen. Op deze plek liet de Vader de Zoon zien wat Hem te wachten stond.

In relatie tot de Holocaust: zou deze tuinscene kunnen lijken op al die nachten waarin het Joodse volk werd opgepakt en naar gevangenissen of kampen werd gestuurd? Voor Jezus was het de nacht waarin Hij werd gevangengenomen, toen ze Hem vastbonden en wegleidden. Tussen Zijn gevangenneming en uiteindelijke veroordeling waren verschillende stappen gezet. Na een flink aantal politieke manoeuvres en manipulaties kwam de eindoplossing, de *Endlösung:* Zijn dood door kruisiging. Het Joodse volk werd eerst gebonden door de Neurenbergerwetten, daarna in getto's gevangengezet tot de SS de *Endlösung* in gang zette: dood in de gaskamers - kruisiging.

Ik boetseerde de figuur van Jezus alsof Hij over een grote steen was uitgegoten en Zijn lichaam de vorm van de steen aannam.

De beker van lijden in Zijn hand vormt het brandpunt van Zijn worsteling; allegorisch uitgebeeld door middel van een beker die tot de rand toe gevuld is met lijden. Toen de Vader Zijn Zoon liet zien wat er in de beker zat, vloeide het zweet van Jezus, vermengd met bloeddruppels over de steen. Zou Hij zelfs geweten hebben dat er een moment zou komen dat de Vader hem totaal zou verlaten? Vervolgens vroeg de Vader Zijn Zoon om van deze gruwel te drinken ter wille van de verlossing, juist van degenen die Hem vervolgden en haatten.

In het beeldhouwwerk houdt Jezus de beker in Zijn linkerhand zover mogelijk van Zijn mond, door de volledig gestrekte arm. De beker balanceert tussen duim en wijsvinger, de andere drie vingers zijn er los van. Dit symboliseert Jezus' weifeling, terwijl de drie vingers staan voor de drie keer dat Jezus Zijn discipelen vroeg om met Hem te bidden, maar hen slapende vond. Drie keer bad Hij tot de Vader of de drinkbeker aan Hem voorbij mocht gaan. In die donkerste van alle nachten nam Hij helemaal alleen die verschrikkelijke beslissing: "Vader, als het Uw wil is, neem deze beker van Mij, maar niet Mijn wil, maar Uw wil geschiede." De kruisiging begon op het moment dat Jezus erin toestemde de lijdensbeker te drinken.

HOOFDSTUK 36

Twee boosaardige ontwerpen voor een gewelddadige dood

Noch de kruisiging noch de Holocaust waren natuurlijke doodsoorzaken; beide waren weldoordachte ontwerpen om maximale pijn te veroorzaken; beide eindigden in een gewelddadige dood. In het eerste geval werd Jezus voor het gerecht gebracht, beschuldigd en veroordeeld omdat Hij de Koning der Joden was. In het geval van de Holocaust hield het feit dat je Jood was al de doodsstraf in.

In een vergelijkbaar patroon stierven beiden, werden zij begraven en stonden weer op. Terwijl Jezus drie dagen was begraven, werden de Joden drie jaar lang begraven. Jezus' opstanding creëerde een hemels koninkrijk, terwijl door de herrijzenis van het Joodse volk een natie werd geschapen.

Ik begon dit te overpeinzen. Er leek een verband te bestaan tussen het lijden van de kruisiging en de Holocaust. Zou er een inniger relatie kunnen zijn tussen die zeven laatste woorden en de Holocaust?

Hoe spreken deze specifieke kruisigingswoorden tot de Holocaust? Waar is de herkenning, als die er überhaupt zou zijn? Ben ik op een vreemde creatieve reis die nergens toe leidt?

Ik wist dat ik in gebed over ieder woord zou moeten worstelen.

De inspiratie zou ik regelrecht uit het hart van de Vader moeten opdoen, niet vanuit mijn persoonlijke herinnering aan het lijden.

Gods herinnering was vol van de laatste uitroepen van Zijn Zoon en de tranen van ieder Joods slachtoffer dat tijdens de Holocaust stierf. Hij herinnerde zich iedere plaats waar een man, vrouw of kind was vermoord.

Ik zou niet durven beweren dat ik door dit werk de pijn van zowel Jezus als het Joodse volk begreep, maar ik wist dat God mij toestemming had gegeven om dit stuk te maken. Ik begon het hart van de Vader te horen en daardoor was ik in staat om me met hen te vereenzelvigen. Deze zeven woorden moesten een voor een uitgewerkt worden, omdat ieder woord een deel van mijn leven zou worden. Vanaf het moment dat ik wakker werd, begon ik na te denken over een specifieke zin. Ik overpeinsde die terwijl ik de natte klei om het metalen skelet kneedde dat uiteindelijk een levensgrote figuur zou worden. Terwijl ik een technisch probleem probeerde op te lossen of een deel boetseerde dat aangepast moest worden, zweefden de woorden door mijn hoofd. Het was fantastisch om de klei te bewerken, omdat het een tijd van ware meditatie werd. Doorgaans werkte ik uren achtereen in stilte met het buigzame en welwillende materiaal.

Langzamerhand nam de klei een vorm aan waarin ik mijn gedachten, mijn gevoelens en mijn gebeden herkende. Bovenal hoopte ik dat het ook Zijn gebeden en Zijn hart zou communiceren, want alleen dan zou mijn werk een daad van voorbede zijn. Dafna en ik wisten dat dit proces van creatieve voorbede de woorden van Jeremia zouden weergeven en dat dit op de een of andere manier ook het woord 'restitutie' zou raken. Hoe, wisten we niet, maar voor ons waren er altijd meer onbekende situaties geweest dan bekende.

Jeremia's tranen werden gesymboliseerd door water dat langzaam over de zes zwerfsteenkolommen tussen de zeven panelen naar beneden druppelde. Aan de voet van iedere kolom werd het water verzameld en via een ondergronds kanaaltje afgevoerd naar zes olijfbomen die buiten het gebouw stonden, tegenover de woestijn. Die bomen vertegenwoordigen het profetische woord 'restitutie' En het water verbeeldde de leven-gevende tranen die vergoten waren voor de zes miljoen die in de Holocaust omkwamen.

Jezus' laatste woorden tijdens de kruisiging zouden ontzettend belangrijk zijn omdat ze Zijn laatste openbare communicatie zouden zijn naar zowel Joden als niet-Joden. Het bord 'Koning der Joden' maakte de eerste, geschreven publieke uitspraak over Hem bekend. Door Zijn leven te geven in deze laatste daad van middelaarschap, zou Hij het autoriteitszegel van de Vader krijgen, niet alleen als Koning der Koningen maar ook als Koning der Joden, Koning van Zijn eigen broeders.

De bronzen figuren die de Holocaust overlevenden representeren hebben ieder hun eigen kenmerken. Alles was bedoeld om het Joodse volk te ontmenselijken, zodat ze niet van elkaar te onderscheiden waren; hun menselijkheid werd onherkenbaar. Veel mensen weigerden te zien wat er met de Joden gebeurde; ze draaiden hun hoofd om zodat ze niet zouden zien hoe de Joden de getto's binnen moesten marcheren of in veewagens geladen werden en uiteindelijk opgesloten werden in concentratiekampen. Op dezelfde manier wendden mensen hun hoofd af zodat ze niet naar Jezus hoefden te kijken. Na al die geselingen was ook Hij onherkenbaar geworden.

Door zijn lichaamstaal, hetzij door zijn gelaatsuitdrukking of de manier waarop hij zijn handen houdt, reageert de Holocaustfiguur op het woord dat door de Gekruisigde wordt gesproken. De manier waarop hij de stenen kolommen aanraakt roept de herinnering op aan hen die omgekomen zijn. Pas veel later kwamen we erachter dat de bruine stenen die we voor de kolommen hadden uitgekozen, 'verbrande stenen' werden genoemd die alleen in het noorden van de Negev voorkwamen. Als deze donkere, keiharde stenen nat worden, krijgen ze dezelfde amberkleur als de bronzen figuren.

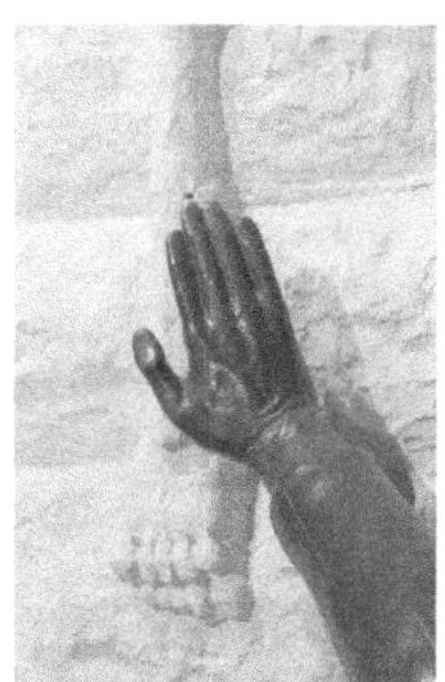

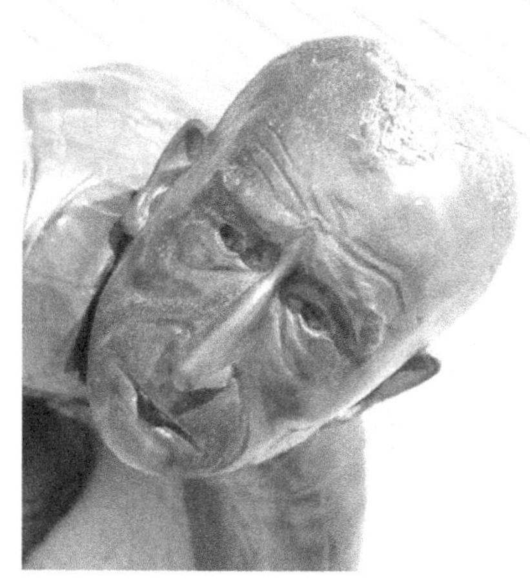

HOOFDSTUK 37

Het gezicht van een verdrietige engel

Voor en tijdens het werken aan de *Fountain* las ik veel boeken over de Holocaust. Het boek dat me het meeste aansprak was *Nacht* van Elie Wiesel. Een van de aangrijpendste passages stond in het voorwoord van François Mauriac. Nog in de beginfase van de *Fountain* was ik wanhopig op zoek naar iets dat me zou kunnen helpen om het creatieve proces te beginnen. Dit is wat ik las:

"Op die meest verschrikkelijke dag, zelfs te midden van al die andere slechte dagen, toen het kind (Elie Wiesel) getuige was van de ophanging (ja!) van een ander kind dat, zo vertelt hij, het gezicht had van een verdrietige engel, hoorde hij iemand achter zich kreunen: "In Godsnaam, waar is God?" En binnen in me hoorde ik een stem antwoorden: "Waar Hij is? Hier is Hij! Hangend aan deze galg."

"....En ik, die geloof dat God liefde is, wat voor antwoord kon ik geven aan mijn jonge gesprekspartner, wiens donkere ogen nog steeds de engelachtige droefheid weerspiegelden die op een dag verschenen was op het gezicht van een opgehangen kind? Wat moest ik tegen hem zeggen? Moest ik hem vertellen over die andere Jood, deze gekruisigde Broer, die misschien op hem leek en wiens kruis de wereld overwon? Zou ik hem uitleggen dat wat voor zijn geloof een steen des aanstoots was geweest voor mij een hoeksteen was geworden? En dat in mijn ogen het verband tussen het kruis en het menselijk lijden de sleutel blijft van het ondoorgrondelijke geheim waarin het geloof van zijn jeugd verloren ging? En toch is Sion weer opgestaan uit de crematoria en de slachthuizen.

De Joodse natie is herrezen uit haar duizenden doden. Zij zijn het die het een nieuw leven hebben gegeven. We weten niet hoeveel een druppel bloed, een enkele traan waard is. Alles is genade.

Als de Almachtige de Almachtige is dan behoort het laatste woord voor ieder van ons aan Hem toe. Dat had ik moeten zeggen tegen het Joodse kind, maar het enige dat ik kon doen was hem omarmen en huilen."

Elie Wiesel's boek *Nacht* was voor mij zo'n krachtige persoonlijke weergave van de reis van een veertienjarige jongen door de donkere Holocaust. De enige manier om het getal van zes miljoen aan te kunnen raken was de Holocaust te zien door iemands ogen. François Mariac' verwoordde in zijn inleiding mijn persoonlijke dilemma; ook ik kon niets zeggen, alleen maar omarmen en huilen. Alle tekeningen die ik gemaakt had in een poging een beginpunt te vinden moest ik achter mij laten. Ik moest de klei omarmen en de tranen die zouden gaan vloeien zouden tijdens deze reis mijn werkelijke referentiepunten worden. De tranen eisten dat ik zou reageren door een duistere plaats te betreden die ik niet begreep, maar waar ik wel naar toe moest.

Het creatieve proces was als een begin van een gebed, alleen kwam de oorsprong niet uit mezelf. Zoals de stortvloed van tranen mij overviel toen ik het woord 'restitutie' ontving, leek deze interactie ook los van mij te staan. Het volgen van Jezus was voor mij nooit gebaseerd geweest op het weten van iets, maar was een antwoord op wat ik van Hem ervoer. Kennis, tenminste voor een deel, leek iedere keer later te komen. Ik kon het niet altijd begrijpen maar ik ervoer Zijn aanwezigheid die gekenmerkt leek te worden door tranen; tranen van zo'n heftige pijn en smart dat het me angstig maakte, maar niet genoeg om te weigeren. Hij had mij duidelijk gemaakt dat dit Zijn herinnering was en niet die van mij. Hoe diep de pijn ook zou gaan, hoe ik het zou moeten dragen wist ik niet, maar opnieuw moest ik reageren.

De tijd was aangebroken om die zeven laatste woorden van Jezus binnen te gaan. Dit zouden de portalen zijn.

Bij het zetten van de eerste stappen raakte ik meteen al geïntrigeerd toen ik de link begon te zien van de relatie tussen Jezus en het Holocaustslachtoffer. "Vader vergeef het hun, want ze weten niet wat ze doen."
Hier was vergeving, geen woorden van haat die uitgespuugd werden naar degenen die Hem aan het kruis hadden gespijkerd, geen vloek of hoop op wraak, maar een gebed, een voorbede voor degene die Hem doodden, een smeekbede naar de Vader om medelijden te hebben met de moordenaars, omdat ze niet wisten wat ze gedaan hadden.

Hoe meer ik erover nadacht, des te meer het me verbaasde.

Deze vergeving kwam niet voort uit de menselijke natuur maar was een weerspiegeling van een Zoon die Zijn leven volledig in overeenstemming had gebracht met Zijn Vader.

Hoe kon ik dat in de klei laten zien? Dit gebed om vergeving werd niet zachtjes uitgesproken maar was een verklaring, bijna een schreeuw, een schreeuw die Zijn eigen leven karakteriseerde; sterker nog: het was het begin van een verbond.

Dit verbond zou alleen gebaseerd zijn op vergeving, zelfs voor het meest onvergeeflijke.

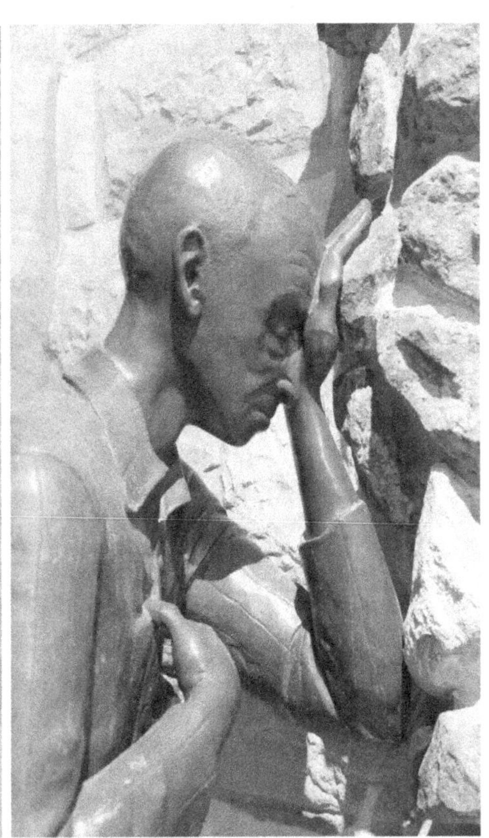

HOOFDSTUK 38

"Vader, vergeef hen." Lukas 23:34

Niemand weet de volgorde van de woorden die tijdens de kruisiging gesproken werden, maar ik stelde me voor dat de woorden, "Vader, vergeef hen!" voor Jezus het meest op de voorgrond stonden.
Omdat de kruisiging zelf een daad is waarmee vergeving wordt gebracht, moest dit het eerste paneel worden. Het Lam van God werd geslacht om een verbond van vergeving te sluiten. Ik geloof dat Hij niet alleen hen vergaf die Hem kruisigden, diegenen die dit veroorzaakt hadden en de Romeinse soldaten die de nagels door Zijn handen en voeten sloegen. Jezus veranderde deze vergeving in een verbond, een nieuw verbond, in een levenswijze voor hen die Hem volgden.

De gekruisigde Jezusfiguur beeldhouwde ik met Zijn hoofd recht vooruit, Zijn gezicht doelbewust. Hij is niet gericht op de fysieke pijn maar op de boodschap die Hij brengt, "Vader, vergeef hen!" Door deze woorden uit te spreken sluit Hij het verbond. Zijn handen, hoewel ze aan het hout zijn gespijkerd, zijn wijd open omdat Hij doorgaat met geven aan hen die kunnen en willen ontvangen.

De Holocaustfiguur staat bij de steenkolom, alsof hij leunt tegen hen die zijn omgekomen. Hij worstelt met dit woord van vergeving omdat dit verbond eist dat, als wij vergeving ontvangen, wij ook anderen moeten vergeven. De manier waarop de Holocaust figuur met een hand naar zijn borst grijpt toont het van vergeving ontvangen.
De andere hand rust op de steenkolom, alsof hij vergeving uitdeelt.

Maar hoe kan hij deze daders vergeven, de moordenaars van hen die gestorven zijn, terwijl hij doorleeft ? Hij worstelt. Zijn leven is verbonden, verstrengeld met de stenen van de omgekomenen. Zijn grootste angst is dat hij zodra hij vergeeft, hen die zijn omgekomen zal vergeten. Als dat zou gebeuren zouden ze dubbel verraden zijn.

In relatie tot de Holocaust is "Nooit vergeven, nooit vergeten" een algemeen geaccepteerde uitspraak in Israël. Voor het Joodse volk staat 'vergeven' gelijk aan 'vergeten'.

Martin, een Holocaust overlevende, was vlak na de oorlog naar de VS geëmigreerd. Samen met zijn vrouw woonde hij in de buurt van Denver en waren bevriend met Christen-Zionisten die hen voor veel pro-Israël evenementen in hun kerk uitnodigden. Door de jaren heen was Martin een gewaardeerde vriend geworden van die christelijke gemeenschap. Op een dag vertrouwde Martin zijn vrienden toe dat hij leed aan terugkerende nachtmerries, waarin hij de verschrikkingen van de verschillende kampen, die hij had overleefd, opnieuw beleefde. Die herinneringen veroorzaakten veel onrust en agitatie.

"We kunnen voor je bidden Martin," bood het echtpaar aan. "God kan je genezen. Dan zullen deze nachtmerries je geen last meer bezorgen."

"Oh, doe dat alsjeblieft niet!" smeekte Martin. "Ik weet dat de nachtmerries zullen stoppen als jullie voor me bidden. Doe dat alsjeblieft niet!"

"Maar waarom dan niet?" Het echtpaar was geschokt door zijn antwoord.

"Omdat dit mijn enige verbinding is met degenen die ik verloren heb," zei hij. "En ook al is de herinnering aan hen die stierven nog steeds zo pijnlijk, ik kan mezelf niet van hen losmaken. Zij blijven in mijn herinnering voortleven en ik zal ze altijd bij me dragen, zelfs als de herinneringen nachtmerries zijn."

"Vader, vergeef hen, want ze weten niet wat ze doen" is de eerste weergave waarin Jezus de Vader direct vraagt om te vergeven. Gewoonlijk sprak Jezus zelf woorden van vergeving uit waarmee Hij zich de woede van de religieuze leiders op de hals haalde.
Misschien dat de kruisiging en de Holocaust met elkaar verbonden zijn door het feit dat geen menselijk wezen in staat is beide wreedheden te vergeven - niemand alleen de Vader.

Heeft de Holocaust overlevende een verkeerd begrip van het woord vergeving? Een verkeerd concept van herinneren? Heeft hij misschien een leugen omarmd?

Ik vind het schokkend een kerk te zien die Jezus als Heer verkondigt maar schaamteloos Zijn gebed negeert om degenen die Hem kruisigden te vergeven. Door de geschiedenis heen heeft de kerk de Joden als 'Christus moordenaars' gebrandmerkt, alsof de woorden "Vader, vergeef het hen" nooit voor de Joden bestemd waren.
Heeft ook zij een leugen omarmd?

Terwijl ik met dit eerste woord bezig was zat mijn hoofd vol met gedachten en vragen. Zouden alle zeven woorden zo'n geestelijke tweespraak oproepen?

HOOFDSTUK 39

"Vandaag zal je met Mij in het paradijs zijn." Lukas 23:43

"Vandaag zal je met Mij in het paradijs zijn", zijn woorden waar ik van houd, omdat ze tegen een wanhopige, stervende man gezegd werden. Hij vroeg alleen maar om herinnerd te worden. Jezus' reactie vernietigt alle leerstellingen en voorschriften die we gemaakt hebben om verlost te kunnen worden - alsof wij de bewaarders van verlossing zijn.

"Heer, als u in uw koninkrijk komt, denkt u alstublieft aan mij," is alles wat de dief vraagt van Jezus. "Alstublieft, vergeet me niet!"

De andere dief hangt links van Jezus. In de laatste minuten van zijn leven spot en vloekt hij. Ik boetseerde de linkerhand van de kruisiging naar beneden hangend, weggedraaid; dit duidt geen veroordeling aan maar is een teken van teleurstelling. Deze dief vergeet dat hij een mens is die God nodig heeft.

Het hart van de Vader dat klopt in de borst van Jezus wordt getrokken naar de dief aan de rechterkant die zich herinnert wie hij was.
Alhoewel Zijn lichaam door de spijkers wordt belemmerd draait de figuur aan het kruis zich moeizaam naar rechts. Met Zijn rechterhand probeert Hij de steenkolom aan te raken als een beeld van God, die zich uitstrekt naar diegenen die Hem aanroepen en vragen om te worden herinnerd, zelfs in de laatste momenten van hun leven.

In dit paneel probeer ik Jezus' hart, het Vaderhart van God, weer te geven. Het woord 'Vader' heeft gezag. Als Jezus in de laatste momenten van zijn leven de schreeuw van een dief hoorde die vroeg om herinnerd te worden, hoeveel te meer zou God dan uitreiken naar Zijn eigen volk. Hun wanhoopskreten tijdens de Holocaust moeten zo aan Hem getrokken hebben dat Hij dichtbij hen in hun lijden wilde komen. Volgens mij kon God de Vader hen niet vergeten. Hij zou moeten antwoorden of Zijn rol als Vader verloochenen.

Deze gedachten gaven mij hoop.

De Holocaustfiguur staat rechtop en wijst met zijn handen in twee verschillende richtingen. Identificeert hij zich met de kruisiging of hoort hij zijn eigen woorden uit de monden van deze twee dieven?

Nadat een Holocaust overlevende geluisterd had naar mijn verhaal over de twee dieven herhaalde zij hun laatste woorden. De ene dief vervloekte Jezus terwijl de andere smeekte om herinnerd te worden.

"Ik kan me met beide dieven vereenzelvigen," antwoordde de vrouw. "In Auschwitz leefden we dagelijks op het randje van de dood. Er waren dagen dat we, met het beetje kracht dat we nog hadden, God vervloekten en bespotten. Maar er waren ook dagen dat we het naar Hem uitschreeuwden, Hem smeekten om aan ons te denken."

Haar uitspraak verbaasde mij. Aan de ene kant vervloeken en spotten, maar daarbovenuit zo graag herinnerd willen worden, zo graag het leven willen aanraken.

Daarom wijzen de handen van de Holocaustfiguur in tegengestelde richtingen. De rechterhand identificeert zich met de hand van Jezus die leven geeft, terwijl de hand in de tegenovergestelde richting de dief herkent die bespot en vloekt.

HOOFDSTUK 40

"Moeder, zie uw zoon; zoon, zie uw moeder." Johannes 19: 26,27

Vanuit het gezichtspunt van de kruisiging zijn de woorden "Moeder, dit is uw zoon; zoon, dit is uw moeder" eenvoudig te begrijpen, omdat zij zo duidelijk het hart van Jezus laten zien. In de diepste pijn, te midden van Zijn eigen lijden, draagt Hij zorg voor Zijn moeder. In dit paneel zocht ik naar een manier om te laten zien dat Jezus haar op de schouder legde van een vriend, iemand die Hij vertrouwde: Johannes, Zijn geliefde vriend en de enige discipel die tijdens de kruisiging bij Hem bleef.

Jezus vertrouwt Zijn moeder toe aan de zorg van Johannes, die haar nu moet ondersteunen en dragen alsof ze zijn eigen moeder was. Hiermee droeg Jezus Zijn aardse rol als zoon over op Zijn vriend. Deze niet natuurlijke verhouding tussen Johannes en Maria werd in het leven geroepen vanuit een plaats van lijden.

Zou de manier waarop Johannes op dat moment de verantwoordelijkheid kreeg om voor Maria te zorgen, kunnen lijken op wat de Holocaust overlevenden ervoeren wanneer zij de verantwoordelijkheid op zich namen voor degenen die waren omgekomen? Dit wordt gesymboliseerd door het zware kleed dat de Holocaustfiguur op zijn schouder draagt. In de plooien zie je de figuur van een uitgemergelde, surreële vrouw. De overlevende draagt 'haar' op één arm; het met hem verweven lichaam is gedrapeerd over zijn schouders en het uiteinde van het kleed houdt hij in zijn hand. Een soortgelijke relatie ervaart hij met de herinneringen aan de doden; vanwege de niet natuurlijke relatie voelen ze als een zwaar gewicht. De meerderheid van zijn familie is vermoord, maar in hun plaats draagt hij nu deze last en identificeert hij zich met de herinnering aan zes miljoen mensen. Deze onnatuurlijke relatie is inniger dan welke hij daarvoor ook kende. Hij staart naar het uiteinde van het kleed in zijn hand. Dit representeert wat er persoonlijk met hem gebeurde.

Het kleed gaat via zijn arm omhoog en wordt wijder naarmate hij de

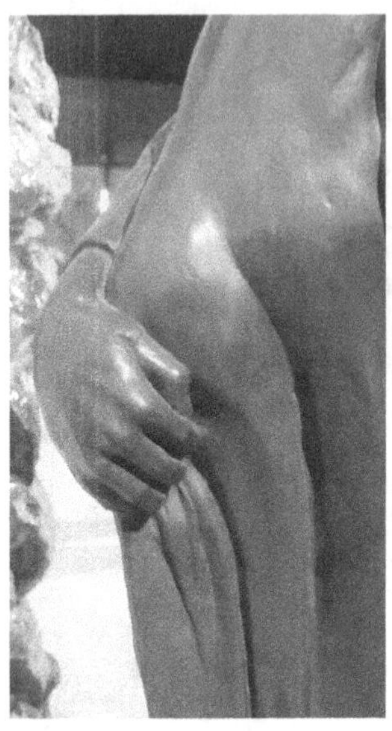

verwoesting en verlies van zijn bekenden en familie begint te bevatten; als hij zich het verlies realiseert van zijn dorp en uiteindelijk van het land waartoe hij behoorde, neemt het kleed de vorm aan van een vrouw en valt uiteindelijk op de grond. De rug, de bips en de benen van de bronzen naakte vrouw vloeien samen met de zes opvallende plooi-en die verwijzen naar de zes miljoen.

De rest van zijn leven zal hij deze nieuwe en onnatuurlijke relatie met zich meedragen.

Door de jaren heen hebben we *de Fountain* aan veel mensen laten zien. Ik voel me ech-ter altijd onzeker als ik Holocaust overleven-den rondleid. Dit kunstwerk is gemaakt van-uit mijn verhouding met de kruisiging en de Holocaust, maar de overlevende draagt de herinnering met zich mee. Het is een deel van wat en wie hij of zij geworden is.

Sara werd een keer meegenomen door een vriend van mij. Zij was eind 70 en zag eruit als een typische oma met een verzorgd kapsel en keurige kleding. Pas later hoorde ik dat ze in Nederland was geboren en tijdens de oorlog vanaf haar vierde jaar verborgen was gehouden door verschillende gezinnen. Aan het eind van de oorlog was de acht jaar oude Sara de enige overlevende van haar grote familie.

Terwijl we naast elkaar voor de panelen stonden begon ik uit te leggen hoe ik *de Fountain* had gemaakt. Ik werd nerveus, vooral omdat ze zo stil bleef en me niet aankeek terwijl ik sprak, maar zich in het beeld-houwwerk verdiepte.

Toen we bij het derde paneel kwamen van *"Moeder, dit is uw zoon; zoon, dit is je moeder"* keek ze mij recht in de ogen en vroeg:

"Hoe wist u dat? Hoe wist u dat ik deze mantel jarenlang op mijn hart heb gedragen? Hoe heeft u dat ooit kunnen weten?"

Ik wist niet wat ik daarop moest zeggen, want ze had gelijk.

Hoe kon ik dat weten? Ik had geen persoonlijke herinnering of ervaring aangaande de Holocaust. Dat zou onmogelijk zijn geweest met mijn achtergrond.

"Ik wist het niet, maar God wel!" was het enige dat ik zei. "Als ik had kunnen kiezen, zou ik van dit project zijn weggelopen, maar Hij stond het me niet toe."

HOOFDSTUK 41

"Mijn God, mijn God! Waarom hebt U Mij verlaten?" Markus 15: 34

Toen ik bij het volgende woord belandde ervoer ik angst, een voorgevoel; een schreeuw van verlatenheid van een zoon die Zich, meer dan wie ook, verheugd had in de aanwezigheid van God. "Mijn God, mijn God, waarom hebt u Mij verlaten?" Hoe kon ik dit beeldhouwen?
Dit zou van deze zeven laatste woorden het moeilijkste paneel worden, de diepste plaats van pijn, de plaats van zo'n diepe verlatenheid dat God niet gevonden of zelfs maar gevoeld kon worden.
Aan dit woord was de steeds terugkerende vraag "Waar was GOD?" gekoppeld.

Ik begon met de figuur aan het kruis, Jezus als de zoon, die het verlies van de aanwezigheid van de Vader voelde. De schreeuw moet verschrikkelijk zijn geweest.
Ik beeldhouwde het hoofd zo ver mogelijk achterover met de mond wijd open; alles wees naar boven. De uitgestoken lippen, snakkend naar de laatste adem. Niet in staat zijn om in dit stadium van de kruisiging de Vaders aanwezigheid te voelen moet wel het laatste geweest zijn waarvan Jezus zich ooit had kunnen voorstellen dat dit Hem zou overkomen.

Liet de Vader Jezus in Gethsemané volledig zien wat er tijdens de kruisiging met Jezus zou gebeuren? Wist Hij dat de Vader Hem moedwillig zou verlaten? Was dit het moment in Gethsemané waarop Jezus bloed zweette? Deze schreeuw aan het kruis moest naar boven gaan, de woorden zelf zochten maar konden niet vinden.
Ik kreeg de indruk dat zelfs de beginwoorden: "Mijn God, Mijn God," een mate van verlatenheid weergaven. Wanneer had Jezus ooit God aangesproken met God? Hij had altijd over God gesproken als Vader.

Terwijl ik aan het stuk werkte bezocht ik een goede vriend, een Joodse gelovige die familieleden had verloren in de Holocaust. Toen ik hem vertelde dat ik worstelde met dit woord, "Mijn God, mijn God, waarom hebt u Mij verlaten?", gaf hij mij een boek dat geschreven was door iemand in een *Sonderkommando*. In de Nazivernietigingskampen bestonden deze speciale eenheden grotendeels uit Joodse gevangenen. Bedreigd met de dood werden ze gedwongen om 'de leugen in stand te houden'. Tegen de mensen die uit de treinwagons stapten moesten ze zeggen dat dit maar een tussenstop was en dat ze nu een douche gingen nemen. Deze *Sonderkommando* mannen konden in de regel Jiddisch spreken en waren in staat de angstige, vertwijfelde mensen gerust te stellen voordat ze ter slachting naar de gaskamers werden geleid.

De schrijver van het boek vertelde dat het vergassingsproces twintig minuten duurde. De eerste tien minuten hoorde hij de schreeuwen en de gebeden die opstegen uit de gaskamers, terwijl de mensen stierven. Uiteindelijk deed het gas alles verstommen. Zelfs nu hij een oude man was zou hij het geschreeuw nooit kunnen vergeten; het zou hem altijd bijblijven. Hij vertelde dat hij de stervenden steeds weer opnieuw dezelfde kreet hoorde slaken uit de eerste verzen van Psalm 22: *"Mijn God, mijn God, waarom hebt u mij verlaten?"*

Ik was er beduusd van. In zijn persoonlijke relaas openbaarde de man dat de schreeuwen uit de gaskamers precies dezelfde waren als de woorden waaraan ik nu werkte, maar dan als de schreeuw van Jezus in de laatste minuten van Zijn leven.
Ik had me niet gerealiseerd dat dezelfde woorden in de Psalmen stonden; ik dacht dat deze alleen bij Jezus hoorden tijdens de kruisiging. De identificatie met zowel de kruisiging als de Holocaust was zo nauwkeurig dat het de manier waarop ik dit zou uitbeelden veranderde. Heel sterk ervoer ik dat de figuren van zowel de Holocaust als de kruisiging zo veel mogelijk op elkaar moesten lijken. Terwijl ik de Holocaust figuur boetseerde wist ik dat ik drie visuele kenmerken kon gebruiken: het geschoren hoofd, de gestreepte kleren en het getatoeëerde nummer van de gevangene. Terwijl ik het hoofd van de kruisigingsfiguur boetseerde realiseerde ik me dat het hoofd kaal moest zijn, zonder baard.

In zekere zin begon Jezus zich volledig te vereenzelvigen met de Joden in de Holocaust. Ik werd er bang van, alsof ik een heel intieme plaats binnentrad waar ik niet hoorde maar toch in moest gaan.

Ik werd geleid naar het getatoeëerde nummer, de definitieve verbinding van de overlevende met de hel van de Holocaust, de herinnering die nooit zou verdwijnen. Na de kampen kon het haar weer aangroeien; de gestreepte kleren kon je verbranden, maar het nummer bleef voor altijd op je lichaam gebrand. Dit nummer kon de overlevende in een oogwenk terugbrengen naar de kampherinneringen. Ik kende overlevenden die na de oorlog naar Israël waren gekomen, en altijd overhemden met lange mouwen droegen om het nummer te bedekken, zodat niemand het kon zien en er vragen over kon stellen.

De beide ouders van een vriendin van ons hebben Auschwitz overleefd. Ze was enig kind en groeide op met fantomen – de gestorven familieleden die ze nooit gekend had, maar die op allerlei manier in haar ouders voortleefden. Haar moeder sprak veel met haar over de Holocaust, wat ongebruikelijk is. Haar vader was bijna altijd extreem stil, behalve 's nachts; dan hoorde ze hem huilen. Ze vertelde me dat ze als klein meisje nooit haar gevoelens kon tonen, omdat ze wist dat haar ouders daar geen raad mee wisten. Toen ze vier jaar was realiseerde ze zich dat het getatoeëerde nummer op de arm van haar vader de reden was waarom hij niet kon spreken en altijd zo bedroefd was. Ze vroeg of ze het mocht afwassen en dat vond hij goed. Een tijdlang probeerde ze het met allerlei soorten zeep, maar het nummer bleef. Het zou altijd blijven.

Ik wist dat ik een nummer op de arm van Jezus moest zetten; er moest een volledige identificatie zijn met de Holocaust slachtoffers. Ik wist heel goed wat een nummer betekende in de ogen van overlevenden en hun kinderen. Ik besefte dit toen ik het nummer op de figuur van de gekruisigde Jezus aanbracht, een beeld dat zoveel negatieve herinneringen in zich had voor het Joodse volk.
Hoe zou ik het lef hebben om dit niveau van pijn aan te raken?
Dit was het aller moeilijkste moment in het zeven jaar durende proces om de *Fountain* te maken.

Maar ik wist dat ik het moest doen, want de Jezusfiguur en de Holocaust overlevende moesten er precies hetzelfde uitzien.

Sommige groepen die *de Fountain* bezochten vroegen waarom ik het nummer '1534' had gekozen op de arm van de Jezusfiguur. Ook al zouden zij mijn emotionele worsteling met dit paneel niet begrijpen, vertelde ik hoe moeilijk het voor mij was geweest om het nummer daar neer te zetten. Uiteindelijk koos ik voor nummer '1534' omdat een en vijf samen zes is, wat staat voor de zes miljoen Joden die waren gestorven, en omdat drie en vier samen zeven vormen, wat staat voor de laatste zeven woorden van de kruisiging.

"Misschien is er nog een andere betekenis voor dit nummer," suggereerde iemand.

"Gebeurde er iets bijzonders voor het Joodse volk in het jaar 1534?" vroeg een ander.

"Misschien heeft het nummer iets te maken met de discipelen van Jezus toen ze de hele nacht aan het vissen waren en niets vingen?" zei iemand anders. "Jezus zei hen om het net aan de andere kant uit te gooien en zij vingen 153 vissen."

"En wat betekent dan het getal vier?" vroeg ik.

"Wel, misschien heb je verkeerd gegokt," zei de persoon.

Als ik mijn *Fountain*-reis met groepen deel, probeer ik altijd beleefd te blijven en de mensen in hun waarde te laten. Zij kunnen erin zien wat ze willen omdat ze mijn emoties tijdens het creëren toch niet begrijpen. Toen ik op een dag aan een vriend alle bezoekersspeculaties vertelde, voegde hij zijn eigen versie er aan toe: "Kan het misschien een hoofdstuk en een vers zijn?" opperde hij. "Een nummer van een hoofdstuk met een Bijbelvers?"

Opnieuw probeerde ik beleefd te blijven: "Zou kunnen."

Een paar dagen later belde mijn vriend op. "Ik ben gaan zoeken en ik heb iets gevonden."

Helemaal vergeten waar het over ging, luisterde ik.

"Ik heb in een aantal Bijbelboeken gezocht tot ik bij Markus 15 vers 34 kwam," zei hij. "Weet je wat daar staat?"

Geschokt luisterde ik naar zijn woorden: "En op het negende uur riep Jezus uit met luide stem, zeggende: *Eloi, Eloi, lama sabachthani*?" wat betekent: "Mijn God, mijn God! Waarom hebt u mij verlaten?"

Helemaal beduusd, realiseerde ik me dat mijn willekeurig gekozen nummer overeenkwam met het vers in de Bijbel met exact deze woorden. Op de een of andere manier had God zelf deze woorden aangeduid.

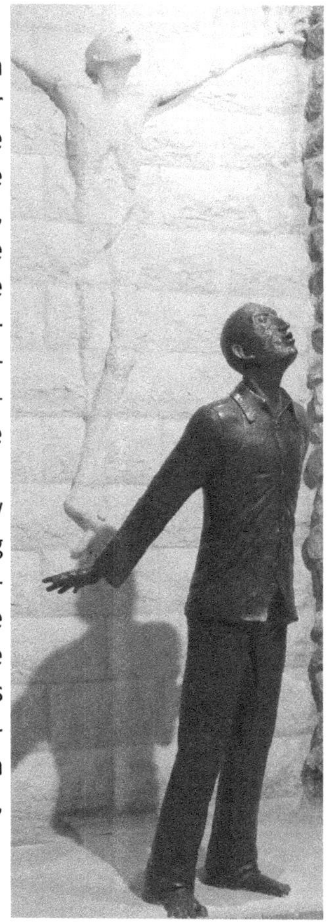

Ik boetseerde de Holocaustfiguur met zijn armen naar achteren en zijn lichaam naar voren gebogen. Beide gezichten, die van de Holocaust en de kruisiging, hebben dezelfde uitdrukking, dezelfde schreeuw naar boven, dezelfde radeloosheid en dezelfde laatste ademhaling. Deze bronzen figuur is de enige die met de rug naar de kruisiging staat; beide schreeuwende mannen zijn alleen, gescheiden van elkaar. Met de voorovergebogen houding vertolkt de Holocaustfiguur de tijdloze schreeuw "Waar is God?"

De geschiedenis leert dat dit de schreeuw uit de gaskamers was. Die schreeuw is nog steeds hetzelfde. Het gezicht van de Holocaustfiguur is bijna het spiegelbeeld van de gekruisigde figuur. De schreeuw van beide mannen is dezelfde; de gekruisigde Jezus is een zoon die een eerlijke vraag stelt; de ander, het Holocaust slachtoffer, heeft Hem in boosheid de rug toegekeerd; hij vraagt niet, maar beschuldigt.

HOOFDSTUK 42

"Mij dorst." Johannes 19:28

Tijdens de voorbereiding op het stuk "Mij dorst" moest ik denken aan Jezus' uitspraak dat Hij het levende water is, en dat als iemand tot Hem komt en drinkt, die persoon nooit meer dorst zal hebben.
Maar nu heeft Jezus dorst; wat betekent dit?
Als Jezus, de bron van levend water, nu zegt dat Hij dorst heeft, moet het betekenen dat Hij alles heeft gegeven wat Hij in Zich had, dat Hij alles heeft uitgegoten.

Het hoofd van de kruisiging kijkt naar beneden, de mond is open; de handen zijn surreëel en de lange vingers wijzen naar beneden; het lichaam wordt naar beneden getrokken en de voeten lijken op een enkele waterdruppel. Ik voelde dat alles een neerwaartse beweging moest maken en dat de voeten als het ware de laatste druppel waren, zelfs de laatste traan.
Dit deed me denken aan wat overlevenden mij verteld hadden: om de kampen te kunnen overleven konden er geen menselijke emoties, geen tranen meer zijn.

Uitgegoten water zoekt een weg naar het laagste punt. Omdat alles een neerwaartse beweging maakte, zette ik de Holocaustfiguur in een ineengedoken positie. Niet geknield, maar ineengedoken, omdat ik niet wilde dat het zou lijken alsof hij voor de kruisiging knielde, maar dat hij zich identificeerde met zijn eigen tranen, zijn eigen dorst.

Dorst moest in tweeën worden verdeeld: het fysieke deel dat het lichaam doodde en de droogte van de ziel, die een innerlijke dood veroorzaakte.

In de kampen kon je overleven op kleine porties eten, maar zonder water was je snel dood. In de volgepropte treinwagons op weg naar de kampen kwamen veel mensen om van de dorst.

De overlevende wist dat dorst dodelijk kon zijn. Innerlijke dorst ontstaat als er geen menselijke emoties, geen tranen meer zijn.
De kampen zouden ook dit wegnemen.

Daarom communiceert de Holocaust sculptuur met beide handen.
De linkerhand raakt de grond aan, zoekend naar het water dat zijn lichaam moet verzadigen; de andere hand raakt bijna de voet aan, de laatste traan, zich identificerend met de dorst van de ziel.

HOOFDSTUK 43

"Het is volbracht." Johannes 19:30

"Het is volbracht"! Hoe boetseer je een woord dat zoveel verschillende betekenissen heeft? Maakt Jezus een einde aan Zijn lijden?

Dat is op zichzelf verbazingwekkend, want een kruisiging kon dagenlang duren. Stierf Jezus sneller vanwege de ernst van de geseling die Hij had gekregen? De kruisiging vond vlak voor Pesach plaats.

De Joodse leiders verzochten de benen van de gekruisigde mannen te breken zodat de dood snel zou komen door verstikking. Dan bleven de gekruisigden niet tijdens het Paasfeest aan het kruis hangen.

Was het de bedoeling dat Jezus, het Lam van God, zou sterven voordat Pesach begon?

Ik besloot dat deze woorden opnieuw een declaratie zouden zijn, geen gefluisterde woorden. Ze moesten opzettelijk, krachtig en doelgericht zijn.

Dus boetseerde ik het gezicht recht voor zich uit kijkend met een spijkers, zodat de koppen niet zichtbaar waren. Op deze manier probeerde ik te zeggen: "Het is volbracht. Maar het is niet zomaar afgelopen. Ik, Jezus, heb het zelf tot een einde gebracht."

In Gethsemané had Jezus zichzelf overgegeven aan de kruisiging en nu verklaarde Hij met gezag dat het voltooid was.

Hoe zou de Holocaustfiguur reageren op deze verklaring? De grootste Joodse bevolking woonde in Polen, waar de Joodse cultuur bijna duizend jaar lang gefloreerd had. Tijdens de zes jaar durende Holocaust was deze vernietigd en wel zo volledig dat het nooit meer zou worden wat het daarvoor was geweest. Het was voorbij.

De Holocaustfiguur stelt Polen in 1945 voor. De enige plaats ter wereld waar Joden in die periode gewenst waren was Palestina. Het Britse mandaat deed echter alles wat in haar vermogen lag om de Joodse immigratie te stoppen.

Door zijn gezicht met de hand te bedekken laat de Holocaustfiguur zijn identiteitsverlies zien. De andere hand is opgeheven in een poging met zijn wijsvinger een bepaalde richting aan te duiden.
Toch buigt de vinger naar beneden, want er is geen richting, geen plaats om naar toe te gaan. Hij heeft een geschiedenis die hij niet langer kan zien en een toekomst zonder richting.
Het is afgelopen.

HOOFDSTUK 44

"In Uw handen beveel ik mijn geest."
Lukas 23:46

"In Uw handen beveel ik mijn geest" zijn de laatste woorden, de laatste uitspraak als Jezus Zijn geest overgeeft in de handen van de Vader. Ik moest deze figuur zo boetseren dat hij niets meer had om te geven. Het lichaam hangt het laagste van alle kruisigingspanelen. Alle adem is Hem ontnomen, de vingers hangen naar beneden, het hoofd hangt op Zijn borst. Hij heeft de geest gegeven.

In wiens handen geeft het Holocaust slachtoffer zijn geest over?
Als de Holocaustfiguur in het voorgaande paneel 1945 representeerde, dan moest deze figuur de jaren tussen 1945 en 1948 uitbeelden.
In zekere zin zou hij de Joodse begrafenis symboliseren.
De bronzen figuur is gevallen, ineengestort en ligt nu op de grond.
Met de ene hand probeert hij het water aan te raken dat de tranen op de kolom voorstelt; de andere arm twijfelt of hij zal proberen zich op te heffen of helemaal te gaan liggen.

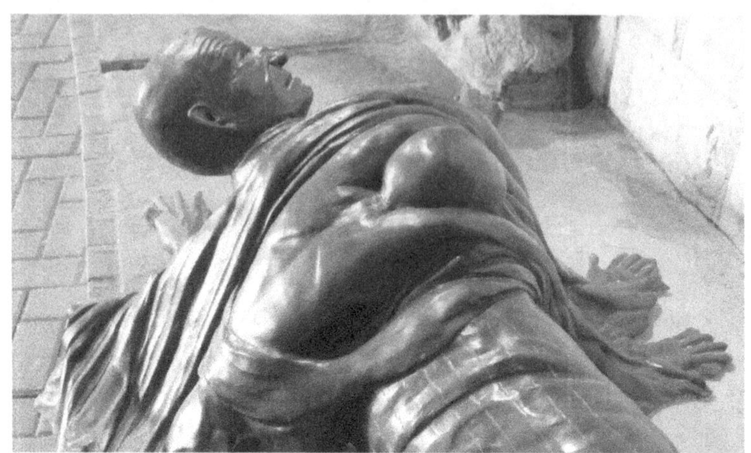

Er ligt een zwaar kleed, een doodsmantel, over de figuur. Ingeweven tussen de plooien bevindt zich een uitgemergeld lichaam waarvan de opengevouwen handen op de grond liggen.

Ik ken overlevenden die, nadat ze in 1945 bevrijd waren uit de Nazi-concentratiekampen, bijna drie jaar lang in vluchtelingenkampen moesten blijven. Daar worstelden ze met richting en identiteit.
Het was alsof ze met de doden begraven waren. Nog steeds in Europa, wisten ze niet of ze helemaal in het graf moesten gaan liggen of proberen zichzelf op te richten. De handpalmen van de persoon in het lichaam in het doodskleed zijn naar boven gericht. Dit representeert de doden die tot de levenden zeggen: "In jullie handen bevelen wij onze geest en onze nagedachtenis."

HOOFDSTUK 45

De vlinder

Kan er na dood en begrafenis opstanding zijn?
De altijd aanwezige vraag was of er een relatie zou kunnen bestaan tussen de kruisiging en de Holocaust. Zou er iets gemeenschappelijks kunnen zijn tussen het lijden van beide? De dood was duidelijk een deel van allebei, maar de begrafenis? Er leek een overeenkomst in tijd te zijn. Jezus lag drie dagen in het graf, het Joodse volk drie jaar - van de lente van 1945 tot de lente in 1948 toen Israël een zelfstandige staat werd. Was dit het einde van het begraven zijn en het begin van de opstanding?

Tijdens het werken aan de muur waren dit zomaar wat gedachten die ik had. De muur was deze dialoog van lijden tussen de kruisiging en de Holocaust geworden. Maar nu stelde ik mezelf deze verdergaande vragen.

De Vlinder had ik gemaakt tijdens mijn werk aan de *Fountain of Tears*. Het kunstwerk van het kind in het crematorium was geboren uit een boek en muziek. Het boek, *I Never saw another butterfly*, bestond uit een verzameling bewaard gebleven gedichten van Joodse kinderen uit het Terezin (Theresienstadt) getto.
De meerderheid van de Terezin kinderen werd niet gered maar vermoord in de gaskamers van Auschwitz-Birkenau.
Deze korte gedichten werden hun laatste woorden.

Schets *De Vlinder*

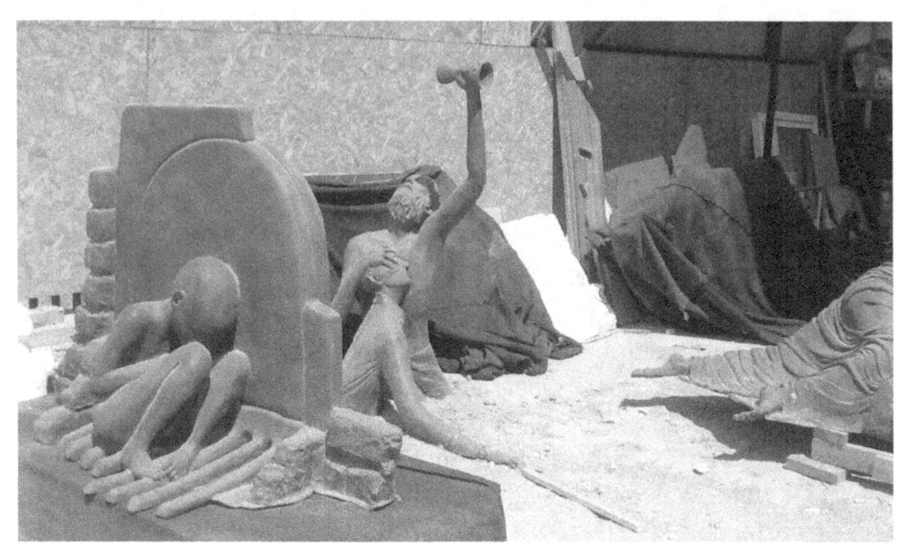

Het eerste *Vlinder* kunstwerk vergezelde het Terezin oratorium. Na de drie uitvoeringen in Israël, werd het beeldhouwwerk geschonken aan het Terezin kinderen museum in Kibboets Givat Haim. De opdracht voor de tweede kopie, bedoeld voor een museum in Europa, ging niet door zodat het stuk bij mij bleef. Het verhuisde met ons mee toen we Cadim moesten verlaten.

Terwijl ik aan de muur voor *de Fountain* werkte was het altijd dichtbij, bijna als een toeschouwer. Ik was niet van plan om *de Vlinder* een onderdeel van *de Fountain* te maken maar nu de muur bijna af was, kwam de vraag van de opstanding naar boven. In *de Vlinder* begon ik opstanding te zien: het kinderhandje dat door de crematoriumdeur een stukje grond aanraakt is opstanding. Dat was het begin van een opstanding van een volk naar een land.
Het kind bezit het, houd het vast, maar net als de vlinder ziet hij het nooit. Zoals de vlinder in het kunstwerk is de opstanding net buiten het bereik van het kind; hij kan het niet voelen, maar het is toch van hem.
Olijfblaadjes, die olijfolie voorstellen, bedekken de grond. In Bijbelse tijden werd deze olie gebruikt voor genezing en zalving. Deze olie zou voor Israël bestemd zijn, dat nu als natie uit de as van de crematoria opstaat; olie voor haar genezing, om te weten dat Gods zalving op haar zou rusten.

Toen ik in 2004 Terezin bezocht liep ik van de hoofdbarakken naar een groot open veld dat is gemarkeerd als een massagraf.
Als aandenken aan hen die omkwamen staat er aan een kant een grote Davidsster en aan de andere kant een grote gebeeldhouwde menora. De Davidsster staat boven de niet gemarkeerde stenen, die willekeurig in het veld zijn neergezet.
In een hoek van het veld staat een gebouwtje dat werd gebruikt als crematorium voor degenen die in kamp Terezin gestorven waren.
Op een herdenkingssteen staat: "Voor hen wie het niet gegeven was om te sterven in hun eigen land."

De laatste, de allerlaatste,
Zo rijk, helder, verblindend geel.
Misschien als de tranen van de zon zouden zingen
Tegen een witte steen....
Zulk een, zulk een geel
Wordt licht opwaarts gedragen.
Het ging weg, ik ben er zeker van omdat het
De wereld gedag wilde kussen.
Zeven weken woon ik hier al,
Opgesloten in deze getto.
Maar ik heb mijn mensen hier gevonden.
De paardenbloemen roepen me
En de witte kaarsje van de kastanjes
op de binnenplaats.
Ik heb alleen nooit meer een andere vlinder gezien.
Die vlinder was de laatste.
Er wonen geen vlinders in de getto.

Gedicht geschreven door Pavel Friedmann op 4 juni 1942.
Hij werd vermoord in Auschwitz-Birkenau op 29 september
1944.

Toen ik over deze woorden nadacht werd ik diep geroerd en begon te huilen. "Hun eigen land" bleef in mijn hoofd spelen. Op de een of andere manier raakten die woorden iets wat het Joodse volk uit die periode symboliseerde, een volk dat zelfs geen eigen thuisland had om in begraven te worden. Maar nu hebben ze dat wel.

Opeens wist ik dat het kunstwerk van *de Vlinder* moest komen na het paneel *In uw handen beveel ik mijn geest*. De laatste twee stukken zouden de twee delen van de opstanding representeren: het land van de natie en dan het volk. Eerst zou er een fysiek begin van leven zijn en dan een wederopstanding van de relatie.

HOOFDSTUK 46

De *Laatste omarming* en *de Lege beker*

Het laatste stuk zou de wederopstanding van de relatie zijn, de uiteindelijke verklaring van het samenbrengen van deze twee persoonlijkheden. Er moest een visuele verbinding zijn met het begin. De beker van lijden in Gethsemané, toen vol, moest nu leeg getoond worden.

Ik worstelde met deze gedachte: Gethsemané had laten zien dat de kruisiging de wil van de Vader was geweest; was de lijdensbeker voor het Joodse volk dan ook de wil van de Vader geweest? Soms stel ik die vragen maar weet dat ik daar nooit en te nimmer een antwoord op kan geven. Dus boetseer ik.

De twee figuren rijzen met hun bovenlichamen uit de stenen, die de doden voorstellen. Jezus had zichzelf overgegeven om de beker te drinken, dus moest Hij degene zijn die de beker vasthoudt – deze hoog boven hen beiden opheffend, omdat zij elkaars lijden herkennen. Voor mij zou dit deel, met de leven-gevende omhelzing, het stuk zijn dat dat hoop voor de toekomst zou bieden.

Het 'terugbetaling/restitutie' woord waarmee het hele proces was begonnen, zou vervuld worden in een tijd van ongekende genade en zegen, waarin God zelf voor het Joodse volk alles zou herstellen wat hen afgenomen was, alles wat de vijand verwoest had.

Ik geloof dat dit Zijn gebed is en het is nu ook mijn gebed, dat God zich de zes miljoen zal herinneren en alles zal teruggeven wat tijdens en na de Holocaust van Zijn volk was geroofd. Ik vraag me altijd af of de *Fountain of Tears* een uiting van dit gebed is geweest. Spreekt hier op de een of andere manier het woord 'restitutie' uit?

Ik zie deze creatieve reis als een voorbede, iets dat de Heer begonnen is. Het zal op een bepaald moment eindigen, voltooid zijn.

Op een keer vroeg ik, niet al te serieus en niet echt een antwoord ver-
wachtend, aan de Heer: "Wanneer zal deze voorbede eindigen?"
Geschokt voelde ik een onmiddellijk antwoord van de Heer: *Wanneer
Jeruzalem een lof op aarde zal zijn.*
Dat was direct en kortaf, diep en afdoende.

Wanneer Jezus als Koning regeert, dan zal Jeruzalem in de hele wereld
geprezen worden. Wanneer zal dat gebeuren? Het zou weleens een
hele lange tijd van voorbede kunnen zijn. Of misschien ook niet.
Hij had mij duidelijk gemaakt dat er een einde aan zou komen.
De keuze van het juiste tijdstip lag in Zijn handen en daar zou ik het
ook laten.

HOOFDSTUK 47

Een *Fountain of Tears* in Arad

De Fountain maakte verschillende bouwfasen door en staat nu in zijn geheel in de besloten binnenplaats van onze achtertuin. Wij wonen in Arad, een kleine stad in de woestijn van Judea in Israël, zo'n twee en een half uur rijden ten zuiden van Jeruzalem. Iedere keer als ik *de Fountain* uitleg aan diverse groepen die langskomen, leer ik weer iets nieuws. Maar het meeste leerde ik van de Holocaust overlevenden. Hun antwoorden hebben ons verrast, waardoor we het nog dieper zijn gaan begrijpen.

Over het algemeen zijn Israëliërs geschokt als ze voor het eerst de omsloten ruimte van *de Fountain* binnenkomen en ze direct geconfronteerd worden met de personages van de kruisiging en de Holocaust. Ook al herkennen ze de visuele elementen, ze begrijpen de verbinding niet, omdat de personages meer dan tweeduizend jaar van elkaar gescheiden waren. Aan de ene kant zijn ze geschokt door wat ze zien, aan de andere kant voelen ze zich er ook toe aangetrokken.

Misschien was onze meest dramatische ontmoeting die met een zakenvrouw die voor het stadsbestuur van Arad werkte. Ze had gehoord over *de Fountain*, maar aangezien het haar niet duidelijk was wat we daar aan het doen waren, besloot ze tijd vrij te maken voor een bezoek. Toen ze ons belde om een dag en tijd af te spreken, benadrukte ze dat ze slechts vijftien minuten tijd had tussen haar andere afspraken.

Lili kwam binnen, deed een paar stappen, stond stokstijf stil en staarde naar de panelen. Met de ene hand over haar mond en de andere op haar borst, bracht ze uit: "Ik krijg geen adem! Ik krijg geen adem!....." Ze draaide zich om en zei: "Je hebt de twee moeilijkste onderdelen uit onze geschiedenis op dezelfde tafel gelegd! Dit moet de burgemeester zien!" Ze belde hem meteen op en als gevolg van Lili's bezoek kwamen drie verschillende groepen van het gemeentebestuur ons bezoeken.

Meestal zijn het de Israëliërs die ons vragen: "Waarom is deze plek niet open voor publiek?" Zij willen dat iedereen *de Fountain* komt bekijken. Hun reactie is het tegenovergestelde van wat ik verwacht had. Er zijn ook mensen boos en zelfs woedend geworden. Iedere reactie is goed – het kan een antwoord zijn op iets wat misschien latent aanwezig was, nu naar boven is gekomen en niet langer over het hoofd kan worden gezien. Israëliërs willen mijn verhaal horen, hoe *de Fountain* is ontstaan, wat me ertoe bracht het onderwerp van de Holocaust te durven aanraken en, zelfs meer nog, het te vergelijken met de kruisiging. Het is moeilijk om een bevredigend antwoord te geven, omdat ik van te voren geen agenda in gedachten had van wat dit werk zou moeten zijn of zeggen.

De Fountain of Tears is mijn antwoord op wat ik voelde dat de Heer mij oplegde, een glimp van wat er in Zijn eigen hart leeft. Uiteindelijk bleef de vraag: waarom al dat lijden, die pijn en dat gevoel van totale verlatenheid?

Dat kunst verschillende communicatielagen heeft leren wij van iedere bezoeker die ons vertelt wat hij of zij ziet. De belangrijkste ontdekking is dat de taal van de kunst het menselijke verstand omzeilt en het hart raakt. Mensen kunnen dan soms uiten wat ze diep in hun hart voelen. Hun woorden verrassen ons en soms ook henzelf.

Sommige Israëliërs vragen: "Was dit een opdracht of heb je het voor eigen rekening gedaan?" Zij willen weten of wij zelf de bron van het werk zijn. Als ik vertel dat Dafna en ik het zelf bekostigd hebben, komen ze met een reeks vragen. Zij horen onze Hebreeuwse toelichting en zijn verbaasd dat we als niet-Joden het Israëlische staatsburgerschap hebben. Ze kunnen niet begrijpen waarom we dat wilden. Maar dan stellen ze de voornaamste vraag: "Heb je hier in het leger gezeten?" Voor hen is het erg belangrijk dat ik dan "Ja," zeg, waarna ze vragen: "Heb je kinderen?"

"Ja, twee jongens."

"Zijn die ook in het leger geweest?"

"Ja."

Zonder verder iets te zeggen geven ze je dan het gevoel van: Jullie horen bij ons, jullie zijn niet naïef, jullie begrijpen heel goed wat je hier hebt gedaan. En vertel me nu maar eens 'Waarom?'

Geoff Barnard

HOOFDSTUK 48

Een Fountain of Tears in Birkenau

In zekere zin begon *de Fountain of Tears* in Birkenau met het verhaal over het gezicht van het Holocaustmodel. Iedere keer als ik in Polen of Europa moest zijn, probeerde ik altijd Auschwitz te bezoeken. Ik wilde meer te weten komen over die mysterieuze man die ik destijds in de 15 minuten durende introductiefilm had gezien, maar van wie ik nog steeds zo weinig wist.

In 2008 sprak de Heer krachtig tot mij dat 2012 een jaar zou worden zoals ik nog niet eerder gekend had. Gewoonlijk ben ik voorzichtig als mensen de nadruk leggen op een bepaald jaar of gebeurtenissen voorzeggen, die op bepaalde data zullen plaatsvinden. Omdat dit vaak misbruikt wordt ten opzichte van Israël schenk ik er meestal geen aandacht aan. Vele malen hebben mensen voorspeld of zelfs geprofeteerd: "Dit gaat er dan en daar gebeuren," of "in dat bepaalde jaar komt er een grote oorlog," enzovoort. Mensen smijten met data en meestal gebeurt er niets. Alhoewel ik me realiseerde dat het woord "2012" misschien bij God vandaan kwam, veronderstelde ik: het is nu 2008 en het duurt nog vier jaar, tegen die tijd zal ik dat allemaal wel vergeten zijn. Dus legde ik de gedachte naast me neer.

In 2010 nam ik mijn vriend Geoff mee voor zijn eerste bezoek aan Birkenau en liet hem het kamp en de omgeving zien. IJzige kou en hevige regen zorgden voor de perfecte entourage om Birkenau te bekijken, want door deze weersomstandigheden kun je je nog beter vereenzelvigen met het kamp. Terwijl ik Geoff rondleidde was het alsof er plotseling, vanuit het niets, iets veranderde in de atmosfeer van Birkenau, alsof de Heer tegen me zei: *De Fountain zal hiernaartoe komen, naar Birkenau!*
Geschokt, sloeg ik er vanzelfsprekend acht op.

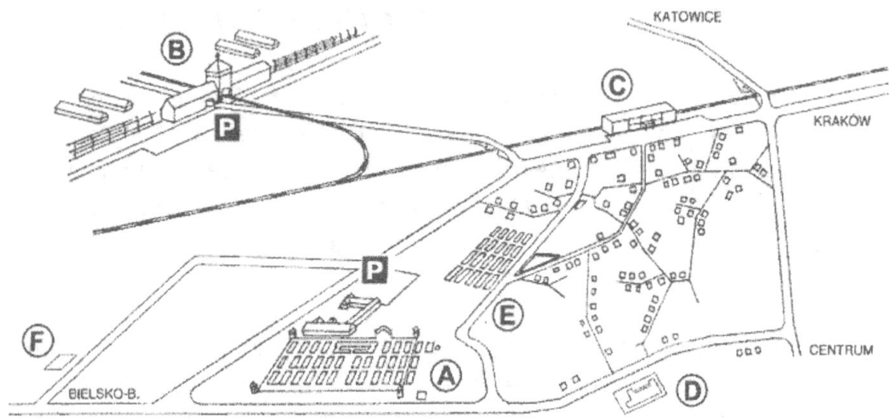

Hoofdkamp Auschwitz   B. Kamp Birkenau

De selectieplaats in kamp Birkenau - toen en nu

Door de jaren heen heb ik geleerd om op een 'plotseling' te reageren. *Oké,* dacht ik, *als dit echt van de Heer is, zal Hij het moeten bevestigen. Maar ik ga het niet uitzoeken of zelf laten gebeuren.*

In de zes maanden daarna gebeurden er bepaalde dingen, alsof de Heer me wilde herinneren aan wat Hij had gezegd over Birkenau.
Tijdens een bezoek aan vrienden in Krakau, ontmoette ik een Poolse vastgoedmakelaar. Zonder al te specifiek te zijn vroeg ik haar: "Wat is er voor nodig om een stuk grond in Polen te kopen?
"Aan welke regio denk je?" vroeg ze.
"Nou, eh….Brzezinka." Ik gebruikte de Poolse naam van het dorp waar kamp Birkenau ligt.
Verrast zei ze: "Ik ga het onderzoeken en als ik iets vind stuur ik je een email."

In de loop van het volgende jaar ontving ik verschillende e-mails met informatie over stukken grond. Iedere keer dat ik in Polen was ontmoette ik deze vastgoedmakelaar onder het genot van een kop koffie. Behalve deze vrouw, Dafna en een paar goede vrienden was niemand op de hoogte van het idee. Tijdens die anderhalf tot twee jaar bleven gedachten over *de Fountain* in Birkenau door mijn hoofd spelen.

In juli 2012 kreeg ik weer een email met informatie over stukken grond die te koop waren in Birkenau. Eén van de dingen die ik de Heer als bevestiging had gevraagd was dat men vanaf het stuk grond het concentratiekamp Birkenau moest zien liggen. Ik had al verschillende stukken grond bekeken, ook in het dorp zelf, maar van daaruit was slechts een deel van een wachtpost van het kamp zichtbaar. Voor mij was het belangrijk om dat precies juist te hebben; tegelijkertijd vond ik het ook doodeng.
"Heer, als dit van U is, dan moet U mij een onomstotelijk bewijs geven," zei ik. "Ik moet zeker weten dat het van U is. We zullen hierin zoveel gaan investeren."

In 1941 werd de zogenaamde *Judenrampe* in Auschwitz het selectie-punt voor de Joden die vanuit heel Europa in veewagens aankwamen.

Vanaf dit perron liep een smalle, onverharde weg naar de poorten van Birkenau. Degenen die geselecteerd waren voor een onmiddellijke dood in de gaskamers moesten die weg aflopen naar de poorten in de verte. Degenen die geselecteerd waren om een beetje langer te leven liepen in de tegenovergestelde richting - naar Auschwitz 1, het hoofdkamp. In 1944 beval Rudolf Hess, de kampcommandant van Auschwitz, rails aan te leggen van het selectiepunt naar de toegangspoorten van Birkenau. Op die manier konden ze het meest omvangrijke dodentransport van Hongaarse Joden zo snel mogelijk afhandelen. Die treinrails hadden altijd een emotioneel effect op mij.

Als twaalfjarig meisje was mijn kibboets oma in een veewagen de poorten van Birkenau binnengereden. Daar werd ze onmiddellijk gescheiden van haar moeder en jongere zusje die ze nooit meer heeft teruggezien. Zij en haar oudere zus van 14 stonden op de lijst om twee weken later vergast te worden. Op de een of andere manier werden ze naar Duitsland gestuurd. Dankzij hun kleine handen werden hun levens gespaard, want De Nazis hadden kinderhanden nodig om een instrument nauwkeurig af te stellen in de geproduceerde bommen. Aan het eind van de oorlog werden beide zusjes uit Bergen-Belsen bevrijd. Vanwege mijn speciale relatie met dit kibboets gezin voelde ik mij emotioneel verbonden met deze treinrails.

"Als het stuk grond dat we gaan kopen iets te maken heeft met de zandweg naar het kamp of die treinrails, zal dat de beslissende bevestiging zijn die ik nodig heb," zei ik tegen de Heer.

In juli 2012 kreeg ik een email van de makelaar, waarin ze schreef dat ze misschien een stuk grond had dat me zou interesseren. Ze stuurde een paar foto's en een satellietkaart mee. De foto's toonden het perceel vanuit verschillende richtingen. Omdat ik al zo vaak in die omgeving was geweest, zou ik misschien iets kunnen herkennen en precies weten waar de foto was genomen.

In de hoek van een van de foto's herkende ik iets dat op een poort leek. Op de vergrootte foto herkende ik de poorten van kamp Birkenau en wist toen meteen waar dit stuk land lag! Aan de zandweg!

Om dat terrein te bereiken moest je de treinrails oversteken die Hess had aangelegd. Van mijn stuk gebracht besefte ik dat dit het stuk grond was en dat ik nu moest reageren.

Dafna en ik besloten de makelaar een bod te doen.

"Hoeveel vragen ze voor het perceel?" vroeg ik haar.

"95.000 zloty's," zei ze.

Dat was ongeveer € 27.000. Dafna en ik rekenden uit dat we zelf een bedrag van € 4500 konden betalen.

Wat zijn de procedures in Polen om land te kopen? vroeg ik me af. *Moeten we een bod doen? Moeten we afdingen? Wat is hier de normale gang van zaken?*

We besloten het probleem als een Israëliër aan te pakken. "Ze vragen 95.000 zloty's, dus bieden we 65.000 zloty's," stelde ik Dafna voor.

Ik noemde de makelaar onze prijs en daarna gingen we verschillende vrienden bezoeken. De hele tijd stuurde ik sms'jes naar de makelaar, waarin ik vroeg om hun reactie op ons bod. We verwachtten dat ze spoedig met de onderhandelingen zouden beginnen. Anderhalve week hoorden we niets van hen.

"Misschien heb ik ze beledigd," zei ik tegen Dafna. "Misschien was het bod zo laag dat ze niet eens de moeite hebben genomen erop te reageren. Misschien heb ik onze kans verknald."

Dafna moest terug naar Israël, maar ik bleef nog drie dagen om een paar vrienden uit Nederland en Engeland te ontmoeten die van het project afwisten en het wilden zien. Terwijl ik hen het stuk grond liet zien kreeg ik een sms van de makelaar. "Ze hebben je bod geaccepteerd!" was alles wat erin stond. Geen prijsonderhandeling, niets van dat alles. Onderaan het bericht schreef ze: "Maar er is een voorwaarde."

Ik belde haar onmiddellijk op. "Wat is die voorwaarde?"

"Ze zijn bereid je bod te accepteren," vertelde ze me, "maar je moet de overeenkomst wel snel afsluiten."

'Snel' in Israël betekent binnen 24 uur. "Wat is snel in Polen?" vroeg ik. Dat moest ze navragen en even later belde ze terug: "De koop moet binnen twee maanden afgerond zijn."

Voor mij was dat een enorm lange tijd om 65.000 zloty's of een bedrag van € 18.000 bij elkaar te krijgen. We konden € 4500 van ons eigen geld bijdragen maar wisten dat we dit hele idee stil moesten houden en niemand om geld mochten vragen voor de rest van het bedrag. Slechts een kerngroep wist van het project.

Terug in Arad kwam onze vriend Geoff naar ons huis. Hij wist een beetje af van wat er in Polen aan de hand was. "Ik weet dat er iets staat te gebeuren in Polen en ook dat het met grond te maken heeft," zei hij. "Ik weet niet zeker wat er gebeurt, maar als jij en Dafna erover denken een stuk grond te kopen, dan dragen Caryl en ik hetzelfde bedrag bij als jullie."
Daar had je lef voor nodig om dat te zeggen! Geoff en Caryl droegen dus ook € 4500 bij aan het bedrag dat nodig was om het stuk land te kopen.

Twee dagen later kreeg ik een telefoontje van Cor, de Nederlandse vriend die ik in Polen had ontmoet.
"Ik weet dat er iets gaande is met grond," begon hij. "Ik ben voorzitter van het bestuur van een Nederlandse Holocaust stichting en heb al met de andere bestuursleden gesproken. We hebben besloten dit project met € 9000 te ondersteunen.
Binnen drie dagen hadden we het geld binnen om de grond te kunnen kopen. Maar toen kwamen we erachter dat wij als Israëliërs en niet-EU-inwoners de grond niet konden kopen.

Ongeveer drie jaar eerder bezocht een Nederlandse groep *de Fountain of Tears.* Cor Roos, een belastingadviseur, was zo bewogen door wat hij zag dat hij zei: "In Nederland vertegenwoordig ik een stichting voor Holocaust herdenkingen. Ik ben zo onder de indruk van je werk, dat ik € 7200 wil schenken, die je voor PR kunt gebruiken. Ben jij een non-profit organisatie?"
Als zelfstandig kunstenaar hadden we geen status als non-profit organisatie. Nu kwamen we erachter dat zijn aanbod een technisch probleem veroorzaakte.
"Een stichting kan alleen geld doneren aan een andere stichting, niet aan een persoon. Kun jij geen non-profit organisatie in Israël oprichten?" stelde Cor voor.
We vroegen advies aan verschillende mensen die zo'n organisatie hadden. Afgezien van het feit dat we met de Israëlische bureaucratie te maken zouden krijgen, concludeerde Dafna dat het te ingewikkeld en te duur was.

Toen ik dit aan Cor vertelde stelde hij voor om een stichting in Nederland te registreren; dat was een snel en eenvoudig proces.
Dus werd *de Fountain of Tears Foundation* [Stichting] opgericht en in
mijn hoedanigheid als de enige kunstenaar kon ik van dat fonds geld
opnemen. Deze *non-profit* organisatie was opgericht om die specifieke
donatie van € 7200 door te geven. Het was de eerste en de laatste gift
die was binnengekomen.

Misschien kunnen we het land via deze stichting kopen, dacht ik.
    "Is de FOT Foundation nog actief?" vroeg ik Cor.
    "Ja, die heb ik levend gehouden, maar hij slaapt momenteel,"
zei Cor. "Ik hoef hem alleen maar wakker te maken."
Uiteindelijk kon *de Fountain of Tears Foundation* binnen het tijdbestek
van twee maanden de grond in Birkenau kopen. Van de eerste giften
konden we het land kopen, een architect inhuren en de ontwerpen
maken.

En toen herinnerde ik me het woord dat de Heer me vier jaar daarvoor
had gegeven, **"Let op het jaar 2012! Het zal een jaar worden zoals je
nog niet eerder hebt meegemaakt!"**
Terugkijkend op dat jaar realiseerde ik mij dat er meer verbazingwek-
kende dingen waren gebeurd. Heel 2011 was ik druk geweest met allerlei projecten op verschillende plaatsen. Aan het einde van dat jaar
leek opeens alles opgedroogd. Er waren mogelijkheden om te werken
maar niets werd gerealiseerd. Tot augustus 2012 had ik geen enkel
kunstwerk verkocht en werkte niet aan een opdracht. Omdat we de
anderhalf jaar daarvoor genoeg verdiend hadden, was er voldoende
om 2012 door te komen.
In Polen en Duitsland leek er altijd wel iets gaande te zijn. Omdat ik
niet aan opdrachten hoefde te werken, kon ik bijna iedere maand wel
aan de een of andere activiteit deelnemen.

Het was verbazingwekkend te zien hoe God voorzag in de financiën
voor het Birkenau project. Zelfs al had ik bijna een jaar lang geen inkomsten gehad, kon ik op elk gewenst moment naar Polen vliegen om
de nodige voorbereidingen te treffen voor het project.

 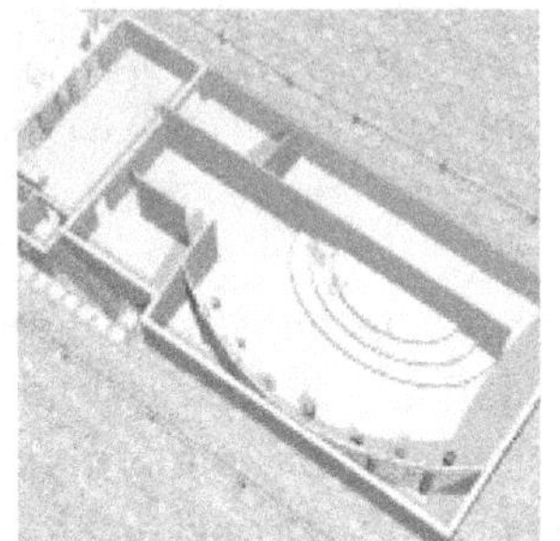 

Bouwtekeningen voor *de Fountain* in Birkenau

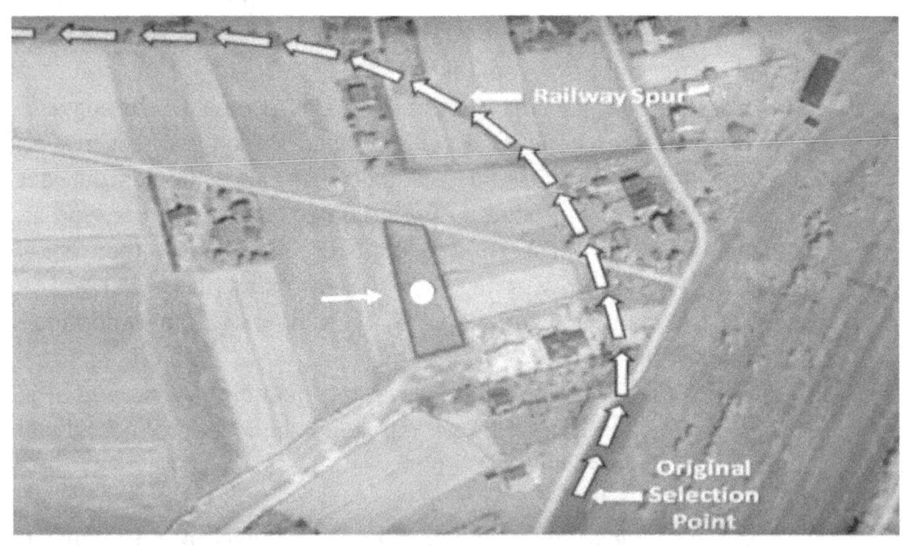

In 2013 werkten we aan de bouwtekeningen. Opnieuw kon ik me volledig op Birkenau richten, omdat er geen andere opdracht was die mijn tijd of aandacht opeiste.

Dat was prima voor een bepaalde periode, maar uiteindelijk klaagde ik: "Genoeg, Heer! Een opdracht zou nu wel fijn zijn!"

Er gebeurde niets. Er waren mogelijkheden en voorstellen en bepaalde opdrachten zouden in het verleden zeker zijn gekomen, maar deze keer: niets. Op een gegeven moment werd ik een beetje wanhopig: "Het is lang geleden, Heer!"

Maar mijn hemelse Vader wist dat ik mij niet zo volledig op Birkenau zou kunnen focussen als een ander project mijn aandacht zou vragen.

Ik moest volledig geconcentreerd zijn op dit project. Maar ik bleef het proberen: "Het zou fijn zijn om wat inkomsten te hebben, Heer!"

Zelfs mijn accountant van de laatste 16 jaar begon zich dat af te vragen. "Je vliegt wel heel veel!" zei hij. "Ik veronderstel dat je in Polen aan iets werkt, maar er zijn geen inkomsten. Je geeft een heleboel boel geld uit, maar komt er ook nog iets binnen?" Hij ging verder: "Ik weet dat je hoogte- en dieptepunten hebt, maar het probleem is dat je veel geld uitgeeft en gietwerk maakt en zo, maar als je geen inkomsten hebt, ziet het er echt slecht uit."

In een poging het uit te leggen op een manier die hij kunnen begrijpen, zei ik: "Luister, ik werk momenteel aan een groot project in Polen wat mij de komende twee, misschien drie jaar, in beslag zal nemen en ik alleen maar geld uitgeef." Ik hoopte dat hij zou begrijpen dat er, zoals bij iedere zakelijke onderneming, geïnvesteerd moest worden in de hoop dat er uiteindelijk geld zou binnenkomen.

"Ik kan dit tegenover de inkomstenbelastingen drie jaar lang volhouden," antwoordde hij, "maar dan moet je me een vorm van inkomsten kunnen laten zien."

"Oké," zei ik, en dacht: *ik heb een jaar adempauze gekregen.* Mijn accountant begrijpt me tot op zekere hoogte. Hij weet dat ik een gelovige ben en dat ik bezig ben met al die projecten. We zijn goede vrienden geworden en er zijn momenten dat hij zich veilig genoeg voelt om persoonlijke vragen te stellen.

Plotseling kreeg ik een opdracht van de *Bible Society* in Jeruzalem en verkocht hier en daar zelfs een paar kleinere stukken. *Komt dit van de Heer?* vroeg ik me af. "Wilt U echt dat ik het verzoek van de *Bible Society* aanneem? Moet ik dit doen?" Ik was er bijna aan gewend geraakt geen grote opdrachten meer te hebben. Nu ik zo gericht was op het Birkenau project, wilde ik niet die speciale communicatie met de Heer verliezen als ik de opdracht zou accepteren. De Heer stond me echter toe dit te doen wat betekende dat er voor 2014 enige inkomsten waren. Mijn accountant zou heel blij zijn; misschien deed de Heer het wel voor hem. Wat de financiën voor dit project betreft is het zo dat we altijd voldoende hebben voor het lopende werk. Van de eerste giften konden we het land kopen, de werkplaats bouwen en een oprit maken. Als we aan de volgende stap toe zijn, voorziet de Heer in Zijn genade altijd overvloedig. Het is een geloofsproject, geen winstgevend project. Na lang overwegen besloot ik de muur en de panelen in Birkenau te maken in plaats van deze vanuit Israël naar Polen te verschepen. Ook zou het rendabeler zijn een gieterij op het terrein te bouwen en het gietwerk ter plaatse te doen.

De Israëlische Airport security wil altijd weten wat er in die grote dozen zit.

"Onderdelen van een kunstwerk dat ik in Polen maak," leg ik uit. "Ik ben beeldhouwer. Dit zijn de wasmodellen, dat is het stadium voorafgaand aan het gietwerk."
De vreemd uitziende pakketten laten alleen delen van de sculptuur zien. Meestal begrijpen ze niet wat ik vertel, maar zijn ze niettemin geïnteresseerd omdat ze nog nooit eerder een beeldhouwer ontmoet hebben. Dan neemt de betreffende veiligheidsbeambte me apart en begint allerlei persoonlijke vragen te stellen zoals: "Hoe is het om beeldhouwer te zijn? Doe je al het werk zelf?"
Grootmoedig geven ze mij vervolgens toestemming om al die vreemde spullen het vliegtuig in te dragen.

Als ik het geografische gebied van Birkenau binnenkom voelde ik altijd een heilige schroom, een beklemming. Als *de Fountain* een afspiegeling was tussen de Holocaust en de kruisiging, dan representeerde Birkenau voor mijn gevoel Golgotha voor het Joodse volk, net zoals Jeruzalem Golgotha was geweest voor de kruisiging.

Birkenau representeerde een geografisch gebied zoals er geen andere op aarde. Er was daar meer Joods bloed vergoten dan in welke andere plaats dan ook. Kilometers rondom het kamp was de grond verzadigd met as, de as van Joodse lijken uit die schoorstenen. De crematoria werkten 24 uur per dag, 7 dagen per week. In relatie tot *de Fountain* moest daar een huis van gebed komen dat dag en nacht actief zou zijn, net zoals de ovens dag en nacht hadden gebrand. Ik had zelfs een gevoel dat de grond rond het kamp Israël toebehoorde omdat het in zekere zin met bloed gekocht was, Joods bloed.

Tijdens het zetten van die eerste stappen kwamen er zoveel gedachten en gevoelens in mij op. Soms hoopte ik dat de Heer het momentum even zou onderbreken of zelfs tegen me zou zeggen: "Goed gedaan. Je hoeft niet verder te gaan. Je hebt iets van me te goed voor je bereidwilligheid."

Echter, het woord dat maar steeds terug bleef komen was: "**Geen uitstel!**" Keer op keer.

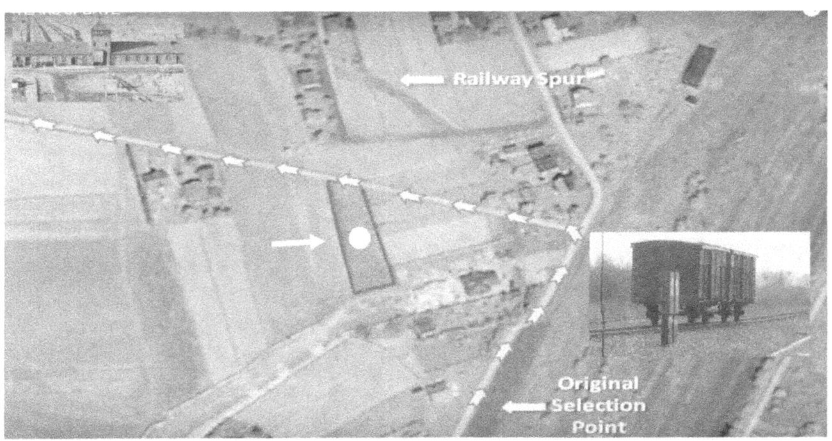

De bouwplannen werden eind juli 2014 goedgekeurd. De eerst stap zou de fundering zijn dus gingen we op zoek naar betonaannemers.

Dit nam veel tijd in beslag en omdat de zomer bijna voorbij was wilde niemand zo vlak voor de winter beton storten.

Toen kwam een aannemer op ons pad die een goed bod deed en bereid was begin oktober te starten.

We hadden twee weken nodig om het cement te storten voor de funderingen

Betonnen fundering is gelegd. Het gebouwtje is Rick's werkplaats en mini gieterij om de bronzen beelden aan telkaar te lassen.

In Polen kunnen de eerste twee weken van oktober al heel winters
zijn, maar dat jaar hadden ze een zogenaamde gouden Poolse herfst.
Zulk mooi weer hadden ze de laatste 14 jaar niet gehad. De twee weken die we nodig hadden voor de voorbereiding en het storten van het
beton hadden we prachtig weer. We klaarden de klus voor de winter
en ik dacht dan ook dat we nu tot de lente konden rusten. Niemand
kon werken in de winter.

Terug in Israël ontving ik midden november een telefoontje van een
goede vriend uit Vermont in de VS, een expert in houtconstructies.
Wij hadden besloten zijn systeem te gebruiken bij de bouw van *de
Fountain.* Ik had hem al lange tijd niet gesproken en was verrast door
zijn telefoontje. Hij begon te vertellen dat hij en zijn partner wat vrije
tijd hadden en dacht dat zij misschien zouden kunnen helpen met het
gebouw, als dat nodig was. Ik werd opgewonden toen ik bedacht dat
deze kerels de allerbesten waren in deze manier van bouwen en nam
aan dat ze een paar dagen van hun reis zouden willen gebruiken om
ook Israël te bezoeken. Misschien konden ze helpen een begin te maken in Polen. En wie weet, wilden ze zelfs in het voorjaar komen, dan
zou het warm genoeg zijn om te werken.
        "Dat zou fantastisch zijn," vertelde ik hen. "Wanneer denk je te
komen? En voor hoelang?"
        "Wij kunnen binnen anderhalve week komen en daar vijf weken
blijven," antwoordde mijn vriend.
Stomverbaasd vroeg ik: "Maar hoe zit het dan met het weer?"
        "In Vermont werken we ook midden in de winter," vertelde hij
me. "We weten hoe we met winterweer moeten omgaan."
Alles gebeurde zo snel! Anderhalve week later was ik terug in Polen
om hen van het vliegveld te halen. Een Poolse vriend had een fantastisch appartement voor hen geregeld. Het was koud en het sneeuwde,
maar iedere morgen haalde ik hen op en gingen we aan het werk.
Er waren absoluut geen vertragingen, niet met de houtaanvoer, niet
met gereedschap, niet met het geld. Alle muren konden worden gebouwd. Het was verbazingwekkend om dit te zien gebeuren, wetend
dat de Heer er helemaal achter stond.
Kort na mijn terugkomst in Israël in januari belde een goede vriend uit
Duitsland me in verband met de *Saxony Friends of Israël.*

Deze groep Duitse vaklui waren geïnteresseerd om mee te helpen met de bouw van *de Fountain* in Auschwitz. Opnieuw was ik verrast over de timing van dit telefoontje. Toen ik hem vertelde hoever het gebouw al gevorderd was zei hij: "Prima! Wij kunnen het dak doen."
Het dak was gecompliceerd vanwege de breedte van de tentoonstellingsruimte, waarin *de Fountain* zou komen te staan. Ik vertelde dat ik zat te wachten op de bouwtekeningen van de staalconstructie die eerst geplaatst moest worden voordat zij het grote dak konden bouwen. Zijn reactie was: "Schiet er mee op. Wij plannen om begin maart te komen."

Ik moest terug naar Polen om een staalbedrijf te bekijken, een aantal beslissingen te nemen, en een contract te tekenen. Daarna zou ik weer naar huis gaan. Nu baden we dat de Poolse staalarbeiders hun werk op tijd klaar zouden krijgen voordat de Duitsers kwamen.
Ook moest er een grote houtlevering plaatsvinden welke de Duitsers nodig zouden hebben zodra de Polen klaar waren met het staal. Omdat alles binnen een zeer kort tijdbestek moest worden uitgevoerd, bleef ik druk uitoefenen. Bij aankomst op 9 maart zouden de Duitsers meteen aan hun werk beginnen; de Poolse staalarbeiders beloofden hun best te doen op die datum klaar te zijn.

We zaten met een probleem, want Dafna en ik hadden al tickets geboekt om van 1 tot 20 maart in Canada te zijn voor mijn 60ste verjaardag, en mijn vader en onze zoons te bezoeken. Dit betekende dat ik alles online moest begeleiden. De Duitsers kwamen zoals afgesproken op de 9e aan maar de Polen hadden een dag vertraging, tot de 10de.
De dag waarop de Duitse vrijwilligers niet konden werken bezochten zij de Auschwitz en Birkenau kampen, wat heel belangrijk was. Na drie lange dagen van keihard werken was het grote dak klaar en bedekt met waterbestendig materiaal. Er waren heel wat gesprekken via skype en e-mails en geldoverboekingen nodig geweest, maar het kwam allemaal klaar - zonder vertraging.
Hoe volkomen verrassend is de genade van de Heer!

Dafna en ik waren ons bewust van bepaalde tijdselementen:
Het terrein voor *de Fountain* was gekocht in 2012.

Dat jaar was het 70ste herdenkingsjaar in de geschiedenis van Birkenau. Zeventig jaar geleden, in 1942, werd door de hoogste SS-leiding van Nazi Duitsland een beslissing genomen over de Europese Joden – de *Endlösung.*
Op 23 januari 1942 werd het besluit genomen dat alle Joden in Europa door vergassing gedood zouden worden en hun lichamen verbrand.
In de lente van 1942 werd Birkenau geboren, dat het grootste moordcentrum zou worden van het nazi regime.

In 2012 was het voor het eerst in de geschiedenis van Israël als natie, dat de Joodse bevolking zes miljoen telde. De Heer had met het 'restitutie' woord beloofd dat Hij het getal 6 miljoen zou vrijkopen, herstellen; wat eens een getal was geweest dat stond voor dood voor het Joodse volk werd veranderd in een getal dat stond voor leven.
Het had me altijd verbaasd dat het Joodse volk niet alleen de Holocaust had overleefd maar drie jaar later een staat had gevormd. Vanaf het moment van haar geboorte tot de dag van vandaag wordt dit land bedreigd met vernietiging. Ondanks dat staan ze nu bij de mijlpaal van 70 jaar na een besluit dat 6 miljoen volksgenoten wegnam. Met dat teruggegeven of terugbetaalde aantal staan ze niet alleen als een etnische groep die een volkerenmoord overleefde, maar als een Joodse natie die teruggekeerd is in hun eigen land.

Het jaar 2012, als 70-jarige mijlpaal, was ook een beginpunt voor de drie volgende jaren. Tot januari 2015 zouden er een aantal van deze merktekens zijn. Op die dag vond de herdenking plaats van 70 jaar bevrijding van Auschwitz.

HOOFDSTUK 49

De terugkeer van *de Leeuw van Juda*

De terugkeer van de 'Leeuw van Juda' is nauw verbonden met *de Fountain* in Birkenau.

Tijdens de *Payback* conferentie gebeurde er veel met mij. Er speelde echter nog meer, wat op dat moment voor mij van minder belang leek. Direct na de slotbijeenkomst werd er in kleine groepjes nog wat nagepraat . Graham, gebaarde dat ik naar hem moest komen en stelde mij voor aan zijn goede vrienden, Tim en Darlene uit Californië. Na de begroeting zei Tim op een heel directe manier, dat hij een beeldhouwwerk van een leeuw wilde hebben. "Darlene en ik zijn bezig om een nieuw huis te kopen. Onze woonkamer heeft een grote muur," legde hij uit. Op die muur wilde hij een leeuw.
Hoewel ik was verrast over Tim's gedecideerdheid, luisterde ik maar half omdat ik bleef denken aan het woord 'terugbetaling'. Ik begreep nog steeds niet wat het zou kunnen betekenen. Omdat veel mensen aan het eind van een conferentie vaak opgewonden en emotioneel zijn en dingen zeggen die ze niet echt menen, probeerde ik beleefd en belangstellend te zijn. "Is het een vierkante muur?" vroeg ik. "Wat zijn ongeveer de afmetingen?"
Wijzend naar een plafondpaneel van de kerk zei Tim dat de muur ongeveer dezelfde afmetingen had. *Best een groot oppervlak,* dacht ik bij mezelf; *hij wil kennelijk een behoorlijk grote leeuw en aangezien het paneel rechthoekig is, verticaal hoger dan horizontaal, zal de leeuw waarschijnlijk moeten staan.*
Tim beantwoordde de rest van mijn vragen, maar nog steeds nam ik zijn verzoek niet al te serieus. Tim krabbelde zijn VS telefoonnummer op een stukje kladpapier, ik bedankte hem en zei iedereen gedag.

In de daaropvolgende maanden worstelden wij met wat de Heer ons toonde in verband met het woord 'terugbetaling'. Het idee van een leeuw op een muur ergens in Californië kwam amper in mijn gedachten. Maar toen we die zomer in Noord-Carolina waren en al die 'plotselingen' ons overkwamen in verband met *de Fountain*, moest ik opeens aan Tim en Darlene denken. Ik vond het kladje met Tim's telefoonnummer en vroeg me af wat ik moest doen. Inmiddels waren er al een paar maanden verstreken sinds dat gesprek. Uiteindelijk besloot ik hen te bellen met de gedachte: Misschien zijn ze wel niet thuis. Dan heb ik in ieder geval een poging gedaan om met hen in contact te komen. Nadat de telefoon twee keer was overgegaan nam Darlene op en herinnerde zich onmiddellijk wie ik was. "Hoe gaat het met de leeuw?" wilde ze weten.

Ik wilde niet liegen, dus antwoorde ik: "Ik denk dat het goed gaat met de leeuw".

"Kunnen we de tekeningen zien?"
Binnen een paar weken zouden ze mij een ticket naar Californië opsturen. Begin september zou hen goed uitkomen.
Een beetje geschokt legde ik de hoorn neer, denkend: *Ik kan dit beter serieus aanpakken.*

Er zijn verschillende soorten leeuwen maar ik had geen idee hoe ik met deze tekening moest beginnen. Terugdenkend aan ons gesprek herinnerde ik mij dat Tim gezegd had dat hij de leeuwen van Trafalgar Square in Londen mooi vond. Dit zijn liggende leeuwen en als ik me goed herinnerde was de muur in het huis hoger, wat betekende dat de leeuw moest staan.
De bibliotheek zou wel wat boeken hebben over leeuwen en misschien zou dat mij op weg helpen. Dwalend door de bibliotheek viel mijn oog op de afdeling 'Israël'. Ik pakte een fotoboek. Op de achterkant stond een grote foto van Trumpeldor's leeuwen in Tel Hai. Ik was er nooit geweest maar kende de geschiedenis van Trumpeldor een beetje. Een van zijn beroemde uitspraken was: "Het is goed om voor ons land te sterven".

Twee stenen leeuwen markeerden zijn gedenkteken.

Ik werd getroffen door de houding van de leeuwen: ze brulden naar boven en zaten bijna rechtop. Er begon iets in mij te borrelen, dus leende ik het boek en begon tekeningen te maken. De foto's van deze leeuwen gebruikte ik als referentie.

De volgende dagen maakte ik veel schetsen. Ze werden veel gedetailleerder dan de foto's en gingen de leeuwen van Trumpeldor ver te boven. Verweven in de manen van de leeuw tekende ik een kruisigingsscene. Door de haarlijnen te gebruiken kon je het wel of niet zien. Rechts van de kruisigingsscene schetste ik iemand die een religieuze Jood zou kunnen zijn die Torarollen vasthield. Daarna tekende ik een andere man en nog een, de ene laag na de andere totdat de figuur volledig verdween in de haren van de leeuw.

Dit lijkt op de diasporageschiedenis van het Joodse volk, dacht ik. De laatste persoon die vertrok zou de rabbijn zijn met de Torarollen. Het leek alsof deze over elkaar liggende figuren via de rechterkant van de leeuwenmanen naar beneden bewogen. Onderaan de manen, waar het lijf begint maar nog steeds in het haar, tekende ik een omgekeerde, zwevende menora. Deze menora vertegenwoordigde de diaspora. Zoals het Joodse volk dat buiten Israël woont en niet op de juiste plaats is, zo zweeft de menora ondersteboven. Links van de kruisigingsscene tekende ik deuren van een Holocaust crematorium. Vanuit een open deur rees een schoorsteen op. De volledige tekening was verweven met de manen.

De rook uit de schoorsteen vormde zes surrealistische figuren, die naar beneden vloeiden in de manen die de borst van de leeuw bedekten. Een van de figuren was verhoudingsgewijs veel kleiner dan de anderen. Die stelde de anderhalf miljoen vermoorde Joodse kinderen voor. Dit alles was verwerkt in het haar van de leeuw.

De leeuw tekende ik zittend op twaalf grote stenen die de twaalf stammen van Israël voorstelden. Dit beeld leek zomaar uit me te stromen, ik begreep het niet, maar wist dat ik in iets bijzonders terecht was gekomen. Toen de tekening klaar was wist ik dat dit *de Leeuw van Juda* zou zijn.

Ik had geen idee wat Tim en Darlene's verwachtingen waren, maar op dat moment deed het er niet toe. Ze stuurden me een ticket en ik vloog naar Californië. Darlene haalde me van het vliegveld af en onderweg naar hun oude huis leerden we elkaar een beetje kennen.
Zij zouden binnen een paar weken verhuizen naar hun nieuwe huis met deze mysterieuze muur. Ik zou een paar dagen bij hen blijven en dan terugkeren naar Noord-Carolina.

Tim kwam thuis uit zijn werk en we begroetten elkaar. Onmiddellijk wilde hij de tekening zien. Zenuwachtig vroeg ik me af hoe ze op *de Leeuw* zouden reageren. Terwijl zij de tekening bekeken, die nu op de eetkamertafel lag uitgespreid, zat ik verderop in een stoel te wachten. Er voelde de spanning en hoorde hen met elkaar fluisteren. Even later kwam Tim naar me toe. "Deze tekening benadert in de verste verten niet wat ik verwacht had," zei hij en liep terug naar de tafel. Een paar tellen daarna stond hij weer bij me. "Je weet niet wat je hier getekend hebt. Dit is absoluut niet wat ik me voorgesteld had, maar het is exact de juiste leeuw. Een paar weken geleden ben ik erachter gekomen dat ik Joodse wortels heb, die generaties lang binnen mijn familie verborgen zijn geweest."
Ik vermoedde dat die beslissing, om hun Jood-zijn verborgen te houden, te maken had met de Holocaust. Omdat veel Joodse overlevenden vervolgd waren vanwege hun Jood zijn besloten zij dat deel van hun leven te begraven en niet langer Jood te zijn.

Uiteindelijk maakte ik *de Leeuw van Juda* in brons, zittend op twaalf stenen, drie meter hoog en drieënhalve meter breed; een zeer dominant kunstwerk voor de woonkamer van Tim en Darlene's nieuwe huis.
De Leeuw van Juda werd een mijlpaal, het eerste stuk waarin ik de kruisiging en de Holocaust had gecombineerd.

Jaren later, toen 27 januari 2015 naderde, werden Dafna en ik gevraagd om deel te nemen aan een gebedsconferentie in Auschwitz vanwege de herdenking van 70 jaar bevrijding van het kamp.

We hadden beloofd daarbij te zijn, maar op hetzelfde moment werkte ik aan een levensgrote leeuw, waarvan ik hoopte dat die voor die datum klaar zou zijn. Deze *Vergelding van het Lam* lijkt op *de Leeuw van Juda.* Deze zit ook op twaalf stenen en brult naar boven, maar nu ligt een lammetje tussen de voorpoten van de leeuw. Het lam is dood, geofferd; door zijn gebrul proclameert de leeuw zijn verbondenheid met dit lam en zijn vergeldingsverklaring.

Zijn manen bevatten niet de Holocaust, zoals bij de eerste leeuw, maar nu is een grote, rechtopstaande menora in het haar verweven. Omdat het Joodse volk terug is in het Land, is het passend de menora rechtop staat.

Hoewel ik had gehoopt dat de *Vergelding van het Lam* klaar zou zijn voor de 27ste, besefte ik dat dit onmogelijk was.

Ongeveer een week voordat we naar Polen zouden vertrekken, was ik in Jeruzalem om een aantal dingen te regelen. Door tijdgebrek voelde ik me opgejaagd maar op de terugweg ontspande ik me wat meer met de gedachte dat we nu de koffers konden gaan pakken voor de reis naar Auschwitz. Peinzend over een aantal zaken voelde ik plotseling dat de Heer tegen me zei dat ik de leeuw mee moest nemen. En dat ik de tekst uit Jeremia in het Hebreeuws moest uitschrijven: *"O, Heer, dat mijn hoofd een bron van water ware en mijn ogen een fontein van tranen, dat ik dag en nacht zou wenen voor de doden van mijn volk".*

Bovendien moest ik op de 27ste januari de Israëlische vlag op het gebouw zetten. Gods aanwezigheid was zo sterk en Hij zei zoveel dat ik de auto aan de kant van de weg moest zetten en alles opschreef. "

" Maar de leeuw is nog niet klaar, Heer," zei ik.

Je hebt al een leeuw! kwam het antwoord. Opeens herinnerde ik mij: *Ja, ik heb nog steeds de mal van de originele leeuw, maar die moet ik*

eerst opzoeken en schoonmaken. En hoe maak ik de Hebreeuwse letters voor die tekst uit Jeremia?
Het gebouw in Birkenau was toen nog maar gedeeltelijk af en de buitenkant was afgedekt met spaanplaat. *Moet ik sjablonen uitsnijden voor de tekst en deze op de muur schilderen?* Ik voelde dat die tijdelijke afbeeldingen een markering van deze speciale datum zouden zijn.
Als ik de mal na al die jaren zou kunnen vinden en een eenvoudige gipsafdruk kon maken, dan zou het misschien lukken. Maar de vlag maakte me een beetje bang. Een Israëlische vlag op een gebouw plaatsen in dit kleine Poolse dorp (Brezinka) Birkenau, kon hele negatieve reacties van de buren oproepen. Maar omdat dit werkelijk van de Heer leek te komen, wist ik dat ik een poging moest wagen.

Dafna hielp me fantastisch bij het maken van de sjablonen voor de letters. Ik vond de stukken van de mal, maakte ze schoon en goot het witte gips. *Misschien kan ik de Israëlische vlag op de gebedsconferentie vinden,* dacht ik. Tot op de dag dat we moesten vliegen werkten we keihard. Ik slaagde erin om de stukken voor *de Leeuw* te gieten, bond ze samen met touw en tape en hoopte dat ik het als handbagage mee kon nemen. De afmetingen waren veel groter dan was toegestaan, het gevaarte woog bijna 40 kilo en zag er vreemd uit.

Op het vliegveld leek het wel alsof niemand de enorme leeuw zag. Ik droeg de tas zo'n 20 meter, rustte even en nam die dan over in de andere hand. Zo ging het totdat we eindelijk bij onze gate arriveerden. Niemand zei iets over de leeuw, niet tijdens de controles en ook niet toen we onze plaatsen in het vliegtuig opzochten.
Bij aankomst in Oswiecim (Auschwitz) brachten we de spullen naar onze kamer. Omdat we nog een paar dagen de tijd hadden voor de 27ste, begon ik onmiddellijk de stukken van *de Leeuw van Juda* in elkaar te zetten op de buitenmuur van ons gebouw in Birkenau. Van 12 grote, platte stenen maakte ik een basis waarop de leeuw kon zitten.
We schilderden de Hebreeuwse woorden op een glad stuk hout en bevestigden dit naast de leeuw. Ik had een Israëlische vlag gevonden en op de morgen van de 27ste hing ik deze op aan de voorkant van het gebouw. Die dag herdachten vertegenwoordigers van alle naties bij de ingang van kamp Birkenau het moment dat 70 jaar geleden Auschwitz werd bevrijd.

Een paar honderd meter daarvandaan stond een half afgemaakt gebouw dat gekenmerkt werd door de schreeuw van de profeet Jeremia, door *de Leeuw van Juda* die Zijn voorbede brult vanwege het lijden van het Joodse volk, en door de Israëlische vlag die het bestaan van de natie verkondigde, die God geboren had laten worden uit zo'n dood.

De Leeuw, het begin van deze reis, markeerde iedere stap. Ik bid dat Zijn gebrul over het Joodse volk en over het land Israël volledig herstel zal brengen en heel Israël zal terugbrengen naar Hem.

In 2015 werd er hard gewerkt aan het gebouw waarin uiteindelijk *de Fountain* en de boodschap van *de Fountain of Tears* een plaats zullen krijgen. Wanneer het helemaal klaar zal zijn, dat weet alleen de Heer. Maar ik ben ervan overtuigd dat De Leeuw begonnen is te brullen en dat er geen uitstel, geen vertraging zal zijn.

BIJLAGE

Eenvoudig begin: zonder overkapping

Naomi and Ruth

I am relating to the story of Ruth and Naomi as a possible prophetic picture of the relationship of the Church to Israel. There are two types of churches - one like Ruth clinging to Naomi (Israel), and the other like Orpha turning back to her own people and gods. Naomi is broken, barren and bitter. However, her one daughter-in-law gives her support and says, "Your people will be my people and your God my God..." (Ruth 1:16)

Een van de zeven olijfbomen die buiten het gebouw staan. Zij worden bewaterd door de "tranen" die over de stenen pilaren in het gebouw vloeien.

Digitale download van de *Fountain of Tears* DVD - $ 15.00

Deze Nederlands gesproken, 20 minuten durende video geeft een uitleg over de expositie in Arad. Een meer uitgebreide DVD met Rick's getuigenis is alleen in het Engels verkrijgbaar.

Zie 'Casting Seeds' website.

Deze leergang is ontwikkeld voor persoonlijk gebruik of voor kleine studiegroepen. Niet bedoeld als een intellectuele oefening, gaat deze studie dieper in op het verband en de overeenkomsten die er bestaan tussen de Kruisiging en de Holocaust. De tekst is gebaseerd op de *Fountain of Tears*, een serie beeldhouwwerken over de lijdensdialoog tussen de Kruisiging en de Holocaust. Verwacht in deze studie geen heldere antwoorden te krijgen maar sta toe dat God de Vader in de vragen Zijn tranen laag voor laag deelt. Een contemplatieve dialoog is een manier om samen te bidden rond de Heilige Schrift. Het is leren luisteren, zowel naar Gods Woord als naar elkaar. Deze dialoog bestaat uit verschillende 'rondes' die geleid worden door een gespreksleider. Tijdens het gesprek is er ruimte voor *open sharing* en discussie, zonder dat een bepaald resultaat bereikt wordt.

ISBN 978-965-7542-44-6

Fountain of Tears

Website: http://www.castingseeds.com
Email: castingseeds@gmail.com

Een bezoek aan de Fountain of Tears kan alleen op afspraak - het liefst per email, waarin datum en tijdstip vermeld wordt. Individuele bezoekers worden gecombineerd met andere boekingen. De expositie is geen publieke ruimte maar bevindt zich in de achtertuin van de kunstenaar. Een tour duurt gemiddeld tussen de 60 en 90 minuten. De presentatie wordt in het Engels gegeven Vrije toegang.
Er is een winkeltje waar Rick's boeken, DVD's, kaarten en kunstwerken verkocht worden.

Fountain of Tears Stichting

Website: http://fot-foundation.org

Deze stichting is geregistreerd bij de Kamer van Koophandel nummer 50086286.

Belasting aftrekbare giften voor het *Fountain of Tears* project in Birkenau kunnen worden overgemaakt via deze stichting.

www.ingramcontent.com/pod-product-compliance
Lightning Source LLC
Chambersburg PA
CBHW071409150726

48000CB00001B/239